초등 문해력
시작부터 완성까지

어휘편

초등 문해력
어휘 활용의 힘

어휘를 단순히 암기만 하면 잊어버리기 쉽습니다. 「초등 문해력 어휘 활용의 힘」으로 어휘의 다양한 쓰임을 익히며, 활용을 통해 의미를 저절로 깨칠 수 있습니다. 함께 제공되는 특별 부록 「나만의 어휘 활용 노트」로 문해력의 기초인 어휘 활용의 힘을 강화해 나갑니다.

기본편

초등 문해력
한 문장 정리의 힘 `기본편`

학습량이 많아져 학력 격차가 발생하는 3학년부터는 배운 내용을 효율적으로 정리하고 간추리는 능력이 필요합니다. 「초등 문해력 한 문장 정리의 힘」으로 초등 교과와 연계된 글을 읽고, 상위 1% 노트 포맷에 핵심 내용을 찾아 정리하는 기초 훈련을 하며, 효율적인 학습 방법과 문해력을 기를 수 있습니다.

실전편

초등 문해력
한 문장 정리의 힘 `실전편`

다양하고 깊이 있는 소재의 비문학 지문은 배경지식을 넓혀 줍니다. 「초등 문해력 한 문장 정리의 힘 실전편」으로 '노트 정리'와 '한 문장 요약'을 집중적으로 훈련하며, 초등 문해력을 완성할 수 있습니다. <기본편>으로 기초를 탄탄하게 기르고, <실전편>으로 초등 문해력을 완성하세요.

이 책을 쓰신 분들

박지혜   다솔초등학교
하근희   대구포산초등학교
원정화   세종시다정초등학교
윤혜원   서울대명초등학교
이승모   서울교육대학교부설초등학교

초등 문해력
한 문장 정리의 힘
실전편 **4권**

초판 5쇄	2024년 5월 10일
초판 1쇄	2022년 1월 7일
펴낸곳	메가스터디(주)
펴낸이	손은진
개발 책임	김문주
개발	양수진, 최성아, 최란경, 조지현
디자인	이정숙
마케팅	엄재욱, 김상민
제작	이성재, 장병미
사진 제공	픽스타, 위키백과
주소	서울시 서초구 효령로 304(서초동) 국제전자센터 24층
대표전화	1661.5431
홈페이지	http://www.megastudybooks.com
출판사 신고 번호	제 2015-000159호
출간제안/원고투고	메가스터디북스 홈페이지 <투고 문의>에 등록

일러두기
· 맞춤법과 띄어쓰기는 국립국어원에서 펴낸 《표준국어대사전》을 기준으로 삼되, 초등학교 교과서의 표기를 참고했습니다.
· 외국의 인명과 지명은 국립국어원에서 펴낸 《외래어 표기법》을 따랐습니다.
· 본 저작물은 공공누리 제1유형에 따라 공공 저작물을 이용하였습니다.

메가스터디BOOKS

'메가스터디북스'는 메가스터디㈜의 출판 전문 브랜드입니다.
유아/초등 학습서, 중고등 수능/내신 참고서는 물론, 지식, 교양, 인문 분야에서 다양한 도서를 출간하고 있습니다.

· **제품명** 초등 문해력 한 문장 정리의 힘 실전편 4권
· **제조자명** 메가스터디㈜ · **제조년월** 판권에 별도 표기 · **제조국명** 대한민국 · **사용연령** 3세 이상
· **주소 및 전화번호** 서울시 서초구 효령로 304(서초동) 국제전자센터 24층 / 1661-5431

초등 문해력

한 문장
정리의 힘

예술 | 인문 | 사회 | 기술 | 융합 | 과학

실전편 4권

초등 5~6학년

문해력,
지금 우리 아이에게 필요한 이유!

문해력은 독해력, 어휘력, 쓰기 능력을 아우르는 상위 개념입니다.

읽기, 말하기, 듣기, 쓰기 등 모든 언어 능력을 동원하여 글의 맥락을 이해하고 응용하는 힘입니다.

문해력이 강한 아이는 서술형 및 수행 평가에도 강합니다.

문해력이 초등 학습 능력을 좌우합니다.

지금 아이에게 필요한 것은 바로 문해력입니다.

교육 과정 강조 역량

글과 말의 맥락을
이해하고 표현하는
문해력과 표현력 강조

+

서술형 평가 확대

자신의 생각을
논리적으로 정리하고
설명하는 능력 요구

+

학습 능력 신장

습득한 지식을
내 것으로 만드는
한 문장 정리법 요구

평생 성적을 좌우하는
초등 문해력

초등 문해력
한 문장 정리의 힘 실전편 이
특별한 이유!

「초등 문해력 한 문장 정리의 힘 실전편」은
「초등 문해력 한 문장 정리의 힘」의 강점인
'노트 정리'와 '한 문장 요약 훈련'에 문제 풀이를 강화하였습니다.
일주일에 하나의 주제어로 다양한 영역의 비문학 지문을 통합적으로 학습하며
사고력이 확장되고, 문해력이 완성됩니다.

하나의 주제어로
다양한 지문 읽기

예술, 인문, 사회, 기술, 융합, 과학
6개 영역을 넘나드는 지문 구성

업그레이드된
노트 정리 연습

상위 1% 학생들이 활용하는
코넬 노트 형식 적용

더욱 강화된
실전 문제 풀이

문해력과 어휘력을 완성하는
6가지 유형의 문제 구성

초등 문해력
완성은 실전편으로!

초등 학습 능력을 좌우하는 문해력,

시작은 기본편으로, 완성은 **실전편**으로!

① 노트 정리

노트에 핵심 내용을 정리하고 한 문장으로 요약하는 과정을 통해 효율적인 공부 방법과 문해력을 기릅니다.

업그레이드된 코넬 노트에 핵심 내용 정리하기

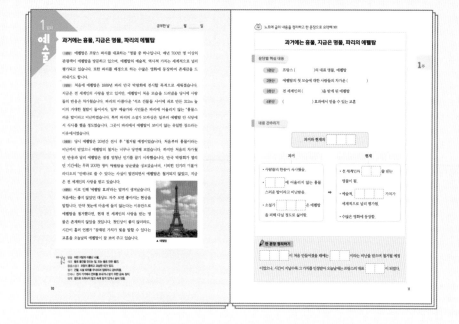

② 실전 문제

노트에 정리하여 내 것으로 만든 지식을 바탕으로, 다양한 유형의 문제 풀이를 통해 문해력과 어휘력을 완성합니다.

6가지 유형의 문제로 문해력과 어휘력 완성하기

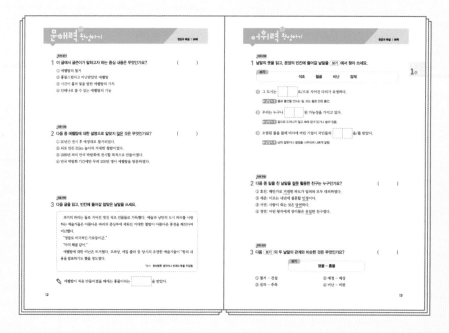

3 주제어 연결

통합적 사고력을 키워 주는 '주제어' 연결 구성 방식

5개의 지문이 하나의 주제어로 연결되어 있습니다.
한 주차에 다양한 영역의 지문을 읽으며 통합적 사고력을 확장할 수 있습니다.

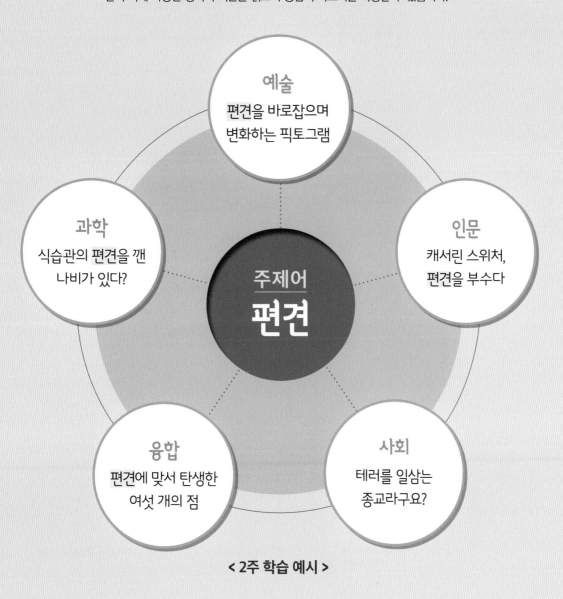

예술
편견을 바로잡으며
변화하는 픽토그램

과학
식습관의 편견을 깬
나비가 있다?

주제어 편견

인문
캐서린 스위처,
편견을 부수다

융합
편견에 맞서 탄생한
여섯 개의 점

사회
테러를 일삼는
종교라구요?

< 2주 학습 예시 >

예술, 인문, 사회, 기술, 융합, 과학
6개 영역의 비문학 지문을 읽으며 배경지식을 확장할 수 있습니다.

차례

3주 갈등
주제어

4주 생존
주제어

노트 정리 비법

문해력은 단번에 길러지지 않습니다. 글의 핵심 내용을 노트에 정리하고 한 문장으로 요약하는 과정을 통해 기를 수 있습니다. 글의 내용을 단계별로 정리하는 반복 훈련을 통해 초등학생 때부터 노트 정리 습관을 길러 주세요.

제목
노트 정리를 할 때는 가장 먼저 글의 제목을 적습니다.

문단별 핵심 내용
문단별로 가장 중요한 핵심을 적는 곳으로, 핵심 내용을 더 오래 기억할 수 있습니다.

내용 간추리기
글의 핵심 내용을 간추리는 부분입니다. 글이 길더라도 표로 내용을 정리하면 중요한 내용을 한눈에 알아볼 수 있습니다.

한 문장 정리하기
노트에서 가장 중요한 부분입니다. 핵심 내용을 연결해 한 문장으로 정리하면 어떤 지식도 자기 것으로 만들 수 있습니다.

과거에는 흉물, 지금은 명물, 파리의 에펠탑

문단별 핵심 내용

1문단	프랑스 (　　　　)의 대표 명물, 에펠탑
2문단	에펠탑의 첫 모습에 대한 사람들의 차가운 (　　　　)
3문단	전 세계인의 (　　　　)을 받게 된 에펠탑
4문단	(　　　　) 효과에서 얻을 수 있는 교훈

내용 간추리기

과거와 현재의 ☐☐☐

과거
- 사람들의 반응이 차가웠음.
- ☐☐에 어울리지 않는 흉물스러운 탑이라고 비난받음.
- 소설가 ☐☐☐은 에펠탑을 피해 다닐 정도로 싫어함.

➡

현재
- 전 세계인의 ☐☐을 받는 명물이 됨.
- 예술적, ☐☐☐ 가치가 세계적으로 널리 평가됨.
- 수많은 영화에 등장함.

한 문장 정리하기

☐☐☐이 처음 만들어졌을 때에는 ☐☐☐이라는 비난을 받으며 철거될 예정이었으나, 시간이 지날수록 그 가치를 인정받아 오늘날에는 프랑스의 대표 ☐☐이 되었다.

8

과거와 현재

예술

과거에는 흉물, 지금은 명물, 파리의 에펠탑

1문단 에펠탑은 프랑스 파리를 대표하는 *명물 중 하나입니다. 매년 700만 명 이상의 관광객이 에펠탑을 방문하고 있으며, 에펠탑의 예술적, 역사적 가치는 세계적으로 널리 평가되고 있습니다. 또한 파리를 배경으로 하는 수많은 영화에 등장하여 존재감을 드러내기도 합니다.

2문단 처음에 에펠탑은 1889년 파리 만국 박람회에 전시할 목적으로 세워졌습니다. 지금은 전 세계인의 사랑을 받고 있지만, 에펠탑이 처음 모습을 드러냈을 당시에 사람들의 반응은 차가웠습니다. 파리의 아름다운 *석조 건물들 사이에 쇠로 만든 312m 높이의 거대한 철탑이 들어서자, 일부 예술가와 시민들은 파리에 어울리지 않는 *흉물스러운 탑이라고 비난하였습니다. 특히 파리의 소설가 모파상은 일부러 에펠탑 안 식당에서 식사를 했을 정도였습니다. 그곳이 파리에서 에펠탑이 보이지 않는 유일한 장소라는 이유에서였습니다.

3문단 당시 에펠탑은 20년간 전시 후 *철거될 예정이었습니다. 처음부터 흉물이라는 비난까지 받았으니 에펠탑의 철거는 너무나 당연해 보였습니다. 하지만 처음의 차가웠던 반응과 달리 에펠탑은 점점 엄청난 인기를 끌기 시작했습니다. 만국 박람회가 열리던 기간에는 무려 200만 명이 에펠탑을 방문했을 정도였습니다. 이러한 인기와 더불어 라디오의 *안테나로 쓸 수 있다는 사실이 발견되면서 에펠탑은 철거되지 않았고, 지금은 전 세계인의 사랑을 받고 있습니다.

4문단 이로 인해 '에펠탑 효과'라는 말까지 생겨났습니다. 처음에는 좋지 않았던 대상도 자주 보면 좋아지는 현상을 말합니다. 만약 첫눈에 마음에 들지 않는다는 이유만으로 에펠탑을 철거했다면, 현재 전 세계인의 사랑을 받는 명물은 존재하지 않았을 것입니다. 첫인상이 좋지 않더라도, 시간이 흘러 언젠가 *잠재된 가치가 빛을 발할 수 있다는 교훈을 오늘날의 에펠탑이 잘 보여 주고 있습니다.

▲ 에펠탑

➡ 낱말
풀이
명물 어떤 지방의 이름난 사물.
석조 돌로 물건을 만드는 일. 또는 돌로 만든 물건.
흉물스럽다 모양이 흉하고 괴상한 데가 있다.
철거 건물, 시설 따위를 무너뜨려 없애거나 걷어치움.
안테나 전자 기기에서 전파를 보내거나 받기 위한 금속 장치.
잠재 겉으로 드러나지 않고 속에 잠겨 있거나 숨어 있음.

과거에는 흉물, 지금은 명물, 파리의 에펠탑

문단별 핵심 내용

1문단 프랑스 (　　　　　　)의 대표 명물, 에펠탑

2문단 에펠탑의 첫 모습에 대한 사람들의 차가운 (　　　　　)

3문단 전 세계인의 (　　　　　)을 받게 된 에펠탑

4문단 (　　　　　　　　) 효과에서 얻을 수 있는 교훈

내용 간추리기

과거와 현재의 　　　

과거

- 사람들의 반응이 차가웠음.
- 　　에 어울리지 않는 흉물스러운 탑이라고 비난받음.
- 소설가 　　　은 에펠탑을 피해 다닐 정도로 싫어함.

➡

현재

- 전 세계인의 　　를 받는 명물이 됨.
- 예술적, 　　　가치가 세계적으로 널리 평가됨.
- 수많은 영화에 등장함.

✏ 한 문장 정리하기

　　　이 처음 만들어졌을 때에는 　　　이라는 비난을 받으며 철거될 예정이었으나, 시간이 지날수록 그 가치를 인정받아 오늘날에는 프랑스의 대표 　　이 되었다.

문해력 완성하기

1 이 글에서 글쓴이가 말하고자 하는 중심 내용은 무엇인가요? ( )

① 에펠탑의 철거

② 흉물스럽다고 비난받았던 에펠탑

③ 시간이 흘러 빛을 발한 에펠탑의 가치

④ 안테나로 쓸 수 있는 에펠탑의 기능

내용 이해

2 다음 중 에펠탑에 대한 설명으로 알맞지 <u>않은</u> 것은 무엇인가요? ( )

① 20년간 전시 후 예정대로 철거되었다.

② 쇠로 만든 312m 높이의 거대한 철탑이었다.

③ 1889년 파리 만국 박람회에 전시할 목적으로 만들어졌다.

④ 만국 박람회 기간에만 무려 200만 명이 에펠탑을 방문하였다.

내용 추론

3 다음 글을 읽고, 빈칸에 들어갈 알맞은 낱말을 쓰세요.

> 과거의 파리는 돌로 지어진 멋진 석조 건물들로 가득했다. 예술과 낭만의 도시 파리를 사랑하는 예술가들은 아름다운 파리의 중심부에 세워진 거대한 철탑이 아름다운 풍경을 해친다며 비난했다.
>
> "정말로 비극적인 가로등이군."
>
> "마치 해골 같아."
>
> 에펠탑에 대한 비난은 뜨거웠다. 모파상, 에밀 졸라 등 당시의 유명한 예술가들이 *항의 내용을 발표하기도 했을 정도였다.
>
> *항의 못마땅한 생각이나 반대의 뜻을 주장함.

 에펠탑이 처음 만들어졌을 때에는 흉물이라는 [ ] 을 받았다.

어휘 이해

1 낱말의 뜻을 읽고, 문장의 빈칸에 들어갈 낱말을 보기 에서 찾아 쓰세요.

보기

석조   철골   비난   잠재

❶ 그 도시는 [ ][ ]로/으로 지어진 다리가 유명하다.

➡️ **낱말의 뜻** 돌로 물건을 만드는 일. 또는 돌로 만든 물건.

❷ 우리는 누구나 [ ][ ]된 가능성을 가지고 있다.

➡️ **낱말의 뜻** 겉으로 드러나지 않고 속에 잠겨 있거나 숨어 있음.

❸ 오염된 물을 몰래 바다에 버린 기업이 국민들의 [ ][ ]을/를 받았다.

➡️ **낱말의 뜻** 남의 잘못이나 결점을 나무라며 나쁘게 말함.

어휘 적용

2 다음 중 밑줄 친 낱말을 잘못 활용한 친구는 누구인가요? (   )

① 효진: 해안가로 <u>거대한</u> 파도가 밀려와 모두 대피하였다.

② 세준: 이모는 내년에 결혼할 <u>인정</u>이다.

③ 서연: 사람이 죽는 것은 <u>당연</u>하다.

④ 정연: 어린 왕자에게 장미꽃은 <u>유일</u>한 친구였다.

어휘 관계

3 다음 보기 의 두 낱말의 관계와 비슷한 것은 무엇인가요? (   )

보기

명물 – 흉물

① 철거 – 건설   ② 예정 – 예상

③ 짐작 – 추측   ④ 비난 – 비판

인문

세계인이 반한 조선의 모자, 갓

사회 5-2

1문단 "조선은 모자의 왕국이다." 지금으로부터 130여 년 전, 프랑스의 학자 '샤를 바라'는 조선에 대해 이렇게 말했습니다. 집 안에서도 갓을 쓰고, 밥을 먹을 때도 겉옷은 벗더라도 갓은 벗지 않았던 조선 사람들의 모습이 *이방인에게는 *인상적이었을 것입니다. 이렇게 갓은 조선 사람의 의생활에서 중요한 부분을 차지했습니다.

2문단 조선 사람들은 신분과 용도에 맞는 갓을 썼습니다. 대표적인 갓은 보통 떠올리는 형태인 '흑립'입니다. 흑립은 선비가 썼던 *관모로, *말총이나 대나무를 엮어 형태를 잡은 후 검은 칠을 해서 만들었습니다. 밖에서는 흑립을 썼다면 실내에서는 '정자관'을 썼습니다. 말총으로 만든 정자관은 3겹의 층까지 쌓아 올릴 수 있었습니다. 오천 원권에 그려진 율곡 이이가 쓰고 있는 갓이 바로 정자관입니다. 관리들이 평상시 업무를 할 때는 관복을 입고 '사모'를 썼습니다. 사모는 원래 관리들이 쓰던 것이지만, 서민들도 *혼례를 올릴 때에는 쓸 수 있었습니다. 흑립과 닮았지만 대나무를 잘게 쪼개어서 만든 '패랭이'는 신분이 낮은 백성들이 쓰던 것으로, 일할 때 햇볕을 가리는 용도로 사용되었습니다. 비를 막거나 햇볕을 가릴 때, 또는 외출 시 얼굴을 가릴 때는 갈대를 엮어 원뿔 모양으로 만든 '삿갓'을 썼습니다.

3문단 최근 조선의 모자인 갓이 다시 주목을 받고 있습니다. 조선 시대를 배경으로 한 드라마가 세계적인 *흥행을 거두면서 등장인물들이 쓰고 나오는 갓에 사람들의 관심이 쏠린 것입니다. 드라마를 본 외국인들은 갓의 다양한 모양과 아름다움에 감탄하였습니다.

4문단 우리 생활 속에서도 갓의 인기는 높아지고 있습니다. 갓 모양의 배지와 같은 액세서리가 만들어졌고, 갓을 응용한 모자가 패션쇼에 등장했습니다. 또한 갓에 대해 알리는 전시회가 열리기도 했습니다. 여러분도 우리의 아름다운 전통 모자인 갓에 관심을 가져 보는 것은 어떨까요?

▲ 흑립

낱말풀이

이방인 자기 나라가 아닌, 다른 나라 사람.
인상적 느낌이 강하게 남는 것.
관모 관리가 쓰도록 일정한 기준으로 만들어진 모자.
말총 말의 갈기나 꼬리의 털.
혼례 부부의 관계를 맺는 서약을 하는 의식.
흥행 공연, 상영 등이 상업적으로 큰 이익을 얻는 것.

세계인이 반한 조선의 모자, 갓

문단별 핵심 내용

1문단   조선 사람들의 의생활에서 중요한 부분을 차지했던 (   )

2문단   (   )과 (   )에 맞는 갓을 썼던 조선 사람들

3문단   최근 다시 (   )을 받는 갓

4문단   생활 속에서 높아지고 있는 갓의 (   )

내용 간추리기

갓의 종류

| □□ | — 대표적인 갓으로, 선비가 관모로 씀. |

정자관 — 선비가 □□ 에서 씀.

| □□ | — 관리가 평상시 업무를 할 때 씀.
혼례를 올리는 서민들이 씀. |

| □□□ | — 신분이 낮은 백성들이 일할 때 씀. |

삿갓 — □ 를 막거나 □□ 을 가릴 때, 얼굴을 가릴 때 씀.

✏ 한 문장 정리하기

조선 사람들은 □□ 과 □□ 에 맞는 여러 종류의 □ 을 썼으며, 최근 다시 갓의 인기가 높아지고 있다.

주제 찾기

1 이 글의 제목을 다시 붙인다고 할 때 가장 알맞은 것은 무엇인가요? ( )

① 갓은 왜 사라졌나?
② 조선 사람들의 갓 사랑
③ 갓을 활용한 액세서리 만들기
④ 영화 속 다양한 갓의 모습

내용 이해

2 2문단 의 내용으로 미루어 보아, 갓의 종류에 알맞은 사진을 찾아 줄로 이으세요.

① 정자관 •

② 패랭이 •

• ㉠

• ㉡

내용 추론

3 다음 대화를 읽고, 빈칸에 들어갈 알맞은 말을 쓰세요.

> **정민:** 아버지, 요즘 해외에서 흑립이나 사모와 같은 한국의 갓이 많이 판매되고 있대요. 조선 시대를 배경으로 한 드라마의 인기가 높아지면서 갓에 대한 외국인들의 관심이 높아지고 있나 봐요!
>
> **아버지:** 한류라 할 만하네. 그런데 갓에 외국인들이 관심을 보인 것은 이번이 처음은 아니야. 오래 전 조선 시대 때에도 갓을 본 외국인들이 조선을 '( )'이라 불렀거든.

어휘 이해

1 낱말의 뜻을 읽고, 문장의 빈칸에 들어갈 낱말을 (보기)에서 찾아 쓰세요.

보기 흥 이 혼 방 례 행 인

❶ ☐☐☐ 의 눈에 거리의 풍경이 낯설게 비쳐졌다.

➡ **낱말의 뜻** 자기 나라가 아닌, 다른 나라 사람.

❷ 전통 ☐☐ 에서 남자는 사모를 쓰고, 여자는 족두리나 화관을 썼다.

➡ **낱말의 뜻** 부부의 관계를 맺는 서약을 하는 의식.

❸ 내가 좋아하는 영화가 ☐☐ 에 실패하여 속이 상했다.

➡ **낱말의 뜻** 공연, 상영 등이 상업적으로 성공하여 큰 이익을 얻는 것.

어휘 적용

2 다음 글의 빈칸에 들어갈 알맞은 낱말은 무엇인가요? ( )

> 최근 조선 시대를 배경으로 한 드라마가 세계적인 인기를 얻고 있습니다. 그런데 외국인들은 드라마의 내용뿐만 아니라 조선의 모자인 갓에 ( )하고 있습니다. 그들은 성별과 신분, 용도에 따라 다른 갓의 다양한 모습에 흥미와 관심을 보였습니다.

① 주목 ② 형태 ③ 경계 ④ 조심

어휘 관계

3 밑줄 친 낱말과 뜻이 비슷한 것은 무엇인가요? ( )

> 김홍도의 그림에는 조선 시대 서민들의 삶이 잘 드러난다.

① 남자 ② 양반 ③ 귀족 ④ 백성

세기의 발명품, 비누

1문단 위생을 관리하는 데 비누의 역할은 매우 큽니다. 한 화학자는 '한 국가가 소비하는 비누의 양은 *문명의 *척도'라는 말을 했을 정도입니다. 이 말은 발전한 사회일수록 비누를 많이 사용한다는 뜻입니다. 그렇다면 비누는 언제부터 어떻게 인류와 함께 했던 것일까요?

2문단 비누에 대한 최초의 기록은 고대로 거슬러 올라갑니다. 고대 바빌로니아의 유물에서 기름과 재를 섞어 비누를 만들었다는 기록이 발견되었습니다. 목욕 문화가 발달한 이집트에서도 동물성 기름과 식물성 기름에 알칼리성 물질을 섞어 비누를 만들었다는 기록이 전해집니다.

3문단 그렇다면 처음부터 비누에서 향이 났을까요? 비누에 향을 입히기 시작한 것은 15세기부터였습니다. 프랑스 남부의 마르세유 지방에서 만들어 낸 비누에 연한 보라색 꽃인 라벤더를 이용해 향을 입히기 시작했지요. 17세기에는 소수의 사람들만 비누를 사용할 수 있었습니다. 1631년 영국의 왕이 비누 생산을 14년간 *독점하여 아무나 비누를 만들어 팔지 못하게 하였고, 비누에 높은 *세금을 매겨 비누의 값이 굉장히 비쌌기 때문이었습니다.

4문단 그러다 1853년 비누에 붙은 세금이 *폐지되고 기계의 발전으로 비누를 많이 만들 수 있게 되자, 비누의 가격이 크게 떨어졌습니다. 점차 시간이 흘러 비누가 널리 *보급되면서 누구든 손쉽게 비누를 구해 사용할 수 있게 되었습니다. 비누를 사용함으로써 수백 년 만에 전염병 환자의 수가 급격히 줄어들었으며, 사소한 감기부터 *치명적인 질병의 예방까지 가능해졌습니다. 이처럼 비누는 각종 병으로부터 많은 이들을 지킨 세기의 발명품으로 기록되고 있습니다.

➡ **낱말풀이**
문명 인류가 이루어 낸 물질적, 기술적, 사회적인 발전.
척도 평가하거나 크기를 잴 때 사용하는 기준.
독점 개인이나 하나의 단체가 다른 경쟁자 없이 이익을 독차지함.
세금 국가가 나라 살림에 사용하기 위해 국민으로부터 강제로 거두어들이는 돈.
폐지 실시하여 오던 제도나 법규, 일 따위를 그만두거나 없앰.
보급 널리 펴서 많은 사람들에게 골고루 미치게 하여 누리게 함.
치명적 생명을 위협하는.

노트에 글의 내용을 정리하고 한 문장으로 요약해 봐!

세기의 발명품, 비누

문단별 핵심 내용

1문단 위생을 관리하는 데 큰 역할을 해 온 (   )

2문단 (   )에서부터 내려온 비누에 대한 기록

3문단 (   )이 비싸고 귀한 물건이었던 비누

4문단 세금이 (   )되고 기계가 발전하면서 손쉽게 사용할 수 있게 된 비누

내용 간추리기

세기의 발명품, 비누의 역사

| ☐☐ | 15~17세기 | 1853년 이후 |

- 고대 바빌로니아에서 비누를 만들었다는 기록이 있음.
- ☐☐☐ 에서 비누를 만들었다는 기록이 있음.

- 프랑스에서 비누에 향을 입히기 시작함.
- ☐☐ 의 왕이 비누 생산을 독점함.
- 값이 비싸 소수의 사람들만 사용할 수 있었음.

- ☐☐ 이 폐지되고 기계가 발전하면서 가격이 떨어짐.
- 비누가 널리 보급되어 누구나 ☐☐ 할 수 있게 되었음.

한 문장 정리하기

☐☐ 는 소수의 사람들만 사용할 수 있었다가, 점차 널리 보급되어 누구나 사용할 수 있게 되면서 각종 ☐ 으로부터 인류를 지킨 세기의 ☐☐☐ 으로 기록되고 있다.

19

주제 찾기

1 이 글의 주제로 알맞은 것은 무엇인가요? ( )

① 비누의 재료와 가격

② 손을 꼭 비누로 씻어야 하는 까닭

③ 나라별 비누의 특징 비교

④ 비누의 역사와 비누가 우리 삶에 미친 영향

내용 이해

2 다음 중 이 글의 내용으로 바르지 <u>않은</u> 것은 무엇인가요? ( )

① 고대 바빌로니아에서 비누를 만들었다는 기록이 남아 있다.

② 영국 왕이 비누의 생산을 독점하여 비누의 가격이 떨어졌다.

③ 비누에 대한 세금을 폐지하자 비누의 가격이 떨어졌다.

④ 비누를 사용하면서 사람들은 질병을 예방할 수 있게 되었다.

내용 적용

3 다음 글을 읽고, 빈 곳에 알맞은 말을 쓰세요.

> 15~17세기에는 비누가 값비싼 *사치품이어서 사람들이 쉽게 사용할 수 없었다. 그러다 비누를 대량으로 만들어 낼 수 있게 되면서 비누의 가격이 떨어졌고, 누구나 쉽게 사용할 수 있게 되었다. 비누를 사용함으로써 각종 전염병이나 치명적인 질병도 예방할 수 있었다. 의학자들과 역사학자들은 인류를 구한 대표적인 물건으로 비누를 꼽기도 한다.
>
> *사치품 수에 지나치거나 생활의 필요 정도에 넘치는 물품.

 의학자들과 역사학자들이 인류를 구한 물건으로 비누를 꼽은 이유는 _____

_____

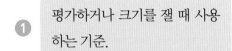 

1주

어휘 이해

1 낱말의 뜻을 읽고, 알맞은 낱말을 찾아 줄로 이으세요.

1 평가하거나 크기를 잴 때 사용하는 기준. · · ㉠ 독점

2 실시하여 오던 제도나 법규, 일 따위를 그만두거나 없앰. · · ㉡ 폐지

3 개인이나 하나의 단체가 다른 경쟁자 없이 이익을 독차지함. · · ㉢ 척도

어휘 적용

2 다음 글을 읽고, 빈칸에 공통으로 들어갈 낱말을 쓰세요.

• 전 세계를 공포에 떨게 한 새로운 바이러스는 고열과 호흡 곤란을 일으켜 사람에게 매우 (   )입니다.

• 목숨을 앗아갈 정도로 (   )인 바이러스를 막기 위해서는 비누로 손을 30초 이상 씻어야 합니다.

어휘 관계

3 다음 보기 의 두 낱말의 관계와 비슷한 것은 무엇인가요? (   )

보기

인류 – 사람

① 삶 – 생활 ② 생산 – 소비
③ 독점 – 공유 ④ 책 – 소설

예술가의 상상 속 미래

1문단 지금으로부터 약 100년 전, 사람들은 미래의 세계를 어떻게 상상했을까요? 얼마 전, 1899년부터 1910년까지 프랑스의 미술가들이 미래의 모습을 상상하며 그린 그림이 공개돼 화제가 되었습니다. 그림 속에 그려진 2000년대 세상에서는 사람들의 일을 기계가 주로 대신하고 있었습니다. 자동으로 농작물을 수확하는 기계, 진공청소기, 심지어 영상 통화가 가능한 전화기 등 지금은 아주 흔히 볼 수 있지만 당시에는 상상하기 어려웠던 것들이 생생하게 그림에 *묘사되어 있었습니다.

2문단 예술가들이 상상한 미래는 실제로 많은 과학자들에게 *영감을 주었습니다. 인공위성을 연구한 콘스탄틴 치올코프스키와 세계 최초의 액체 연료 로켓 발사에 성공한 로버트 고다드 모두 프랑스의 *SF 작가 쥘 베른의 소설을 읽고 우주여행을 꿈꾸었다고 말했지요.

3문단 SF에서 상상한 미래는 현실에서 그대로 *실현되기도 합니다. 비행기조차 없던 1865년에 쥘 베른은 소설 『지구에서 달까지』에서 사람이 달을 여행하는 미래의 모습을 표현하였습니다. 그로부터 104년 뒤, 소설의 내용처럼 인류는 달 착륙에 성공했습니다. 우주선이 발사되는 모습, 달까지 이동하는 시간, *무중력 상태의 묘사까지도 소설과 실제가 비슷했습니다. 1968년, 영국의 작가 아서 C. 클라크는 소설 『2001 스페이스 오디세이』에 인터넷, 통신 위성, 우주 정거장을 등장시켰고, 이후 과학자들은 이 모든 것을 실현하였습니다.

4문단 현재의 예술가들은 어떤 미래를 상상하고 있을까요? 사람들이 로봇과 대화하며 생활하는 모습이나, 우주 공간에서 시간과 공간이 변하는 장면이 영화에 등장하고 있습니다. 벨기에의 한 예술가는 부드러운 피부 대신 금속이나 플라스틱으로 이루어진 미래형 인간을 표현하기도 했습니다. 예술가가 상상한 미래의 모습, 과연 이루어질까요?

➡ 낱말
풀이

묘사 어떤 대상이나 사물, 현상 따위를 언어로 표현하거나 그림을 그려서 표현함.
영감 새로운 것을 만들어 내는 일의 기회가 되는 기발한 생각이나 자극.
SF 공상 과학 소설. 시간과 공간의 테두리를 벗어난 일을 과학적으로 상상하여 그린 소설.
실현 꿈, 기대 따위를 실제로 이룸.
무중력 상태 마치 중력이 없는 것처럼 느끼는 상태. 무중력 상태에서는 사물이 그대로 공중에 떠 있음.

예술가의 상상 속 미래

문단별 핵심 내용

1문단 과거 프랑스의 ( )들이 상상한 2000년대의 모습

2문단 예술가들이 상상한 미래가 과학자들에게 ( )을 줌.

3문단 ( )에서 상상한 미래가 현실에서 실현되기도 함.

4문단 현재의 예술가들이 상상하는 ( )의 모습

내용 간추리기

> ### 예술가들이 상상한 미래의 모습

과거의 예술가들이 상상한 미래의 모습

- 사람들의 일을 [ ][ ]가 대신함.
  - 예 농작물을 수확하는 기계, 진공청소기, 영상 통화가 가능한 전화기
- 사람이 [ ]을 여행함.
- 인터넷, 통신 위성, 우주 정거장이 등장함.

[ ][ ]의 예술가들이 상상하는 미래의 모습

- 사람들이 [ ][ ]과 대화하며 생활함.
- 우주 공간에서 [ ][ ]과 공간이 변함.
- 금속이나 플라스틱으로 이루어진 미래형 인간이 나타남.

한 문장 정리하기

과거의 예술가들이 [ ][ ]한 미래의 모습은 현실에서 구체적으로 [ ][ ]되어 왔

으며, 현재의 예술가들도 [ ][ ]의 여러 모습을 상상하고 있다.

문해력 완성하기

주제 찾기

1 이 글의 주제로 알맞은 것은 무엇인가요?　　　　　　　　　　　　　　　　　　　(　　　)

① 프랑스 예술가들의 작품
② 예술가들이 상상한 다양한 미래
③ 미래를 상상한 과학자들
④ 미래형 인간의 모습

내용 이해

2 이 글의 내용을 바르게 이해한 사람은 누구인가요?　　　　　　　　　　　　　　　(　　　)

① 수진: 현재의 예술가들은 주로 과거의 모습을 상상하고 있어.
② 선미: 과학자들은 예술가들이 상상한 모습에서 영감을 얻기도 해.
③ 희승: 100년 전에도 영상 통화를 할 수 있었다는 사실이 놀라워.
④ 현정: SF는 주로 현실을 반영한 모습을 묘사하고 있어.

내용 추론

3 다음은 쥘 베른의 소설 『해저 2만리』를 읽은 두 친구의 대화입니다. 빈칸에 공통으로 들어갈 알맞은 낱말을 쓰세요.

> **강휘**: 연후야, 너도 『해저 2만리』 읽었다며? 재미있었지?
>
> **연후**: 응. 그런데 해저 괴물의 정체가 외계인이었으면 더 신기했을 텐데 고작 잠수함이었잖아. 공상 과학 소설 치고는 조금 시시한 기분도 들었어.
>
> **강휘**: 그렇게 생각했구나. 그런데 연후야, 이 책이 약 150년 전에 쓰였다는 걸 아니?
>
> **연후**: 그래?
>
> **강휘**: 응. 그때에는 사람들이 잠수함이 어떤 것인지 잘 알지도 못했을 정도로 알려지지 않았고, 사용도 잘 되지 않았을 때였어. 그런데 작가가 (　　　　)하여 소설 속에 등장시킨 잠수함 '노틸러스호'의 모습은 현재의 최신 기술과 매우 닮아 있거든. 본 적도 없는 기술을 (　　　　)해 내다니, 정말 신기하지 않니?

어휘 이해

1 낱말의 뜻을 읽고, 문장의 빈칸에 들어갈 낱말을 보기 에서 찾아 쓰세요.

보기 | 묘 | 실 | 사 | 예 | 현 | 술 |

❶ 항상 ☐☐ 할 수 있는 목표를 세워서 미래를 준비해야 한다.

➤ **낱말의 뜻** 꿈, 기대 따위를 실제로 이룸.

❷ 저 선수의 슛 동작은 한마디로 ☐☐ 이다.

➤ **낱말의 뜻** 아름답고 높은 위치에 이른 능숙한 기술을 비유적으로 이르는 말.

❸ 이 소설에는 주인공의 성격이 잘 ☐☐ 되어 있다.

➤ **낱말의 뜻** 어떤 대상이나 사물, 현상 따위를 언어로 표현하거나 그림을 그려서 표현함.

어휘 적용

2 다음 글을 읽고, 빈칸에 공통으로 들어갈 낱말을 쓰세요.

보기

예상   등장   중요

그 장면에서 갑자기 (   )한 도깨비 때문에 얼마나 깜짝 놀랐는지 모른다.

이야기 속 (   )인물의 마음을 잘 살펴보는 것이 중요하다.

✏️ ☐☐

어휘 관계

3 밑줄 친 낱말과 뜻이 반대인 것은 무엇인가요?   (   )

인류가 드디어 달 착륙에 성공했습니다.

① 착지   ② 발사   ③ 이륙   ④ 도착

과학

현실 같은 가상 세계, 메타버스

1문단 가상 세계인 메타버스를 아시나요? 메타버스는 한계나 표준을 뛰어넘는다는 의미의 '초월'을 뜻하는 영어 단어 '메타'와 '현실 세계'를 의미하는 '유니버스'의 합성어입니다. 과거에는 상상할 수 없었던 메타버스라는 세계를 현재는 우리 삶 곳곳에서 체험할 수 있게 되었습니다. *가상 현실(VR), *증강 현실(AR) 등의 기술 발전으로 메타버스의 인기는 점점 높아지고 있지요. 그렇다면 메타버스는 어떤 특징이 있을까요?

2문단 메타버스는 가상 공간이지만 많은 사람들과 *교류가 가능합니다. 지난 미국 대통령 선거 때, 한 후보는 메타버스 속에서 투표권을 가진 사람들과 소통하기도 했습니다. 우리나라는 어린이날을 맞아 메타버스 속 청와대에 어린이들을 *초청하는 행사를 열기도 했습니다. 어린이들은 대통령 *아바타의 안내에 따라 청와대를 관람하며 대통령과 교류하였습니다. 또, 미국의 한 대학은 메타버스에서 졸업식을 진행하여 많은 학생들이 함께 축하를 주고받으며 소통할 수 있었습니다.

3문단 메타버스 안에서 문화도 즐길 수 있습니다. 우리나라의 한 가수는 메타버스에서 뮤직비디오를 공개하였고, 외국의 유명한 가수는 아바타를 이용해 콘서트를 열어 약 천만 명의 사람들이 함께 콘서트를 관람하기도 했습니다. 또 메타버스를 이용하는 사람이라면 누구나 직접 게임을 만들 수 있고, 자신이 만든 게임을 다른 사람들과 함께 즐길 수도 있습니다.

4문단 미래에는 메타버스를 통해 현실과 가상의 *경계가 점점 옅어질 것입니다. 예를 들어 현실에서는 학교에 직접 가서 수업을 들어야 하고 옷을 입어 보려면 백화점에 직접 가야 했지만, 메타버스에서는 아바타를 학교에 보내 수업을 듣게 하고, 아바타에게 옷을 입혀 보고 마음에 드는 옷을 구매할 수도 있습니다. 이처럼 현실 같은 가상 세계인 메타버스는 앞으로 다양한 분야에서 점점 더 우리의 삶에 깊숙이 자리 잡을 것입니다.

➡ 낱말
풀이
가상 현실 컴퓨터로 만들어 놓은 가상의 세계에서 사람이 실제와 같은 체험을 할 수 있도록 하는 최첨단 기술.
증강 현실 현실의 이미지나 배경에 3차원 가상 이미지를 겹쳐서 하나의 영상으로 보여 주는 기술.
교류 문화나 구체적인 생각 따위를 서로 통하게 함.
초청 사람을 청하여 부름.
아바타 가상 현실에서 자신의 역할을 대신하는 캐릭터.
경계 사물이 어떠한 기준에 의하여 구별되는 범위.

현실 같은 가상 세계, 메타버스

문단별 핵심 내용

1문단 (   )의 의미

2문단 사람들과 (   )할 수 있는 메타버스

3문단 함께 (   )를 즐길 수 있는 메타버스

4문단 현실과 (   )의 경계가 옅어질 미래의 메타버스

내용 간추리기

메타버스의 특징	예

사람들과 교류함.	• 미국의 대통령 후보가 투표권을 가진 사람들과 소통함. • 우리나라 대통령과 [ ][ ][ ]들이 교류함. • 졸업식에서 많은 학생들이 축하를 주고받음.
[ ][ ]를 즐김.	• 한 가수의 뮤직비디오가 공개됨. • 아바타를 이용한 [ ][ ][ ]를 수많은 사람들이 관람함. • 자신이 만든 게임을 다른 사람들과 함께 즐김.
현실과 가상의 경계가 옅어짐.	• 아바타를 이용해 학교 수업을 들을 수 있음. • [ ][ ][ ]를 이용해 마음에 드는 옷을 구매함.

한 문장 정리하기

[ ][ ][ ][ ]는 사람들과 [ ][ ]하고 문화를 즐기는 것을 넘어 앞으로 다양한 분야에서 점점 더 우리의 [ ]에 깊숙이 자리 잡을 것이다.

주제 찾기

1 이 글의 주제로 알맞은 것은 무엇인가요? ( )

① 메타버스의 장점

② 메타버스의 단점

③ 메타버스의 현재와 미래

④ 미래 사회에 대비하기 위한 우리의 노력

내용 이해

2 이 글의 내용을 바르게 이해하지 <u>못한</u> 사람은 누구인가요? ( )

① 은화: 메타버스의 인기는 점점 낮아질 거야.

② 경남: 메타버스를 통해 사람도 만나고 물건도 살 수 있겠어.

③ 한길: 메타버스를 통해 해외에 있는 친척과 소통할 수도 있을 거야.

④ 효성: 내가 좋아하는 가수의 콘서트에 직접 가지 않아도 관람할 수 있어.

내용 적용

3 다음 대화를 읽고, 빈 곳에 들어갈 알맞은 말을 쓰세요.

> **윤규**: 할아버지, 앞으로 메타버스는 의사 선생님들에게 큰 도움이 될 거예요.
>
> **할아버지**: 의사가 하는 일에 메타버스가 어떤 도움을 줄 수 있다는 말이냐?
>
> **윤규**: 메타버스에서 수술을 미리 연습해 볼 수 있게 된다고 하거든요.
>
> **할아버지**: 오, 정말이냐? 그렇게 된다면 수술이 성공할 가능성도 더 높아지겠구나.
>
> **윤규**: 네, 맞아요. 메타버스로 인해서 현실과 가상의 경계는 _____.

_____

어휘력 완성하기

어휘 이해

1 낱말의 뜻을 읽고, 문장의 빈칸에 들어갈 낱말을 보기에서 찾아 쓰세요.

보기 | 관 | 초 | 교 | 람 | 류 | 청

① 우리나라 대통령의 [　][　]으로 미국 대통령이 한국을 방문하였다.

➡ **낱말의 뜻** 사람을 청하여 부름.

② 이번 주 일요일에는 프로 야구 경기를 [　][　]하기로 했다.

➡ **낱말의 뜻** 연극, 영화, 운동 경기, 미술품 따위를 구경함.

③ 남한과 북한이 [　][　]하며 통일을 위해 애쓰고 있다.

➡ **낱말의 뜻** 문화나 구체적인 생각 따위를 서로 통하게 함.

어휘 적용

2 다음 글의 빈칸에 공통으로 들어갈 낱말은 무엇인가요? (　　　)

- 한 초등학교에서는 화재 상황을 (　　　)하여 화재 대피 훈련을 실시하였습니다.
- 메타버스 속 게임에 첨단 기술을 활용하여 집에서도 손쉽게 (　　　) 현실 게임을 즐길 수 있습니다.

① 가상　　　② 조사　　　③ 가정　　　④ 예고

어휘 관계

3 밑줄 친 낱말과 뜻이 비슷한 것은 무엇인가요? (　　　)

태조는 조선의 왕이 되었지만 중국에서 이를 인정해 주지 않자, 중국에 사신을 보냈다.

① 조정　　　② 부정　　　③ 판단　　　④ 용납

우여곡절 끝에 세워진 자유의 여신상

파란 하늘 위로 횃불을 높이 든 채 자유를 수호하는 동상이 있습니다. 바로 미국의 명물 '자유의 여신상'입니다. 높이가 무려 46m에 이르는 이 거대한 여신상은 어떻게 만들어지게 된 걸까요?

1865년, 미국의 독립 전쟁을 도왔던 프랑스가 미국에 우정을 기념하기 위한 동상을 선물하겠다는 제안을 건넸습니다. 프랑스는 동상을, 미국은 동상의 받침대를 만들기로 하였지요. 두 나라에서는 국민의 *성금을 모아 자유의 여신상을 만들기로 했으나, 당시 경제 상황이 좋지 않아 충분한 성금이 모이는 데 수년의 기간이 걸렸습니다. 1884년, 프랑스에서 먼저 동상을 완성해 미국에 보내려고 하였지만 미국은 성금이 모이지 않아 받침대를 완성하지 못했습니다. 결국 두 나라의 *합작품을 세우는 일이 미뤄질 수밖에 없었습니다. 그러던 중, 미국의 한 신문사에서 모금 운동에 관한 *칼럼을 신문에 실었고, 이를 본 사람들이 성금을 보내 마침내 받침대를 완성할 수 있었습니다.

1886년 10월, 미국은 독립 100주년을 기념하며 받침대 위에 프랑스에서 보낸 동상을 세웠습니다. 과거에 두 나라가 우여곡절을 겪으며 함께 세운 자유의 여신상은 현재 자유와 희망을 상징하는 세계적인 명물이 되어 많은 이들의 사랑을 받고 있습니다.

*성금 정성으로 내는 돈.
*합작품 공동으로 협력하여 만든 작품.
*칼럼 신문이나 잡지 따위에 싣는 시사, 사회 등에 관한 짧은 평이나 이야기.

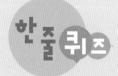

한 줄 퀴즈

Q. 자유의 여신상을 미국에 선물한 나라는 어디인가요?

✏️ [   ]

편견

예술

편견을 바로잡으며 변화하는 픽토그램

미술 5-2

1문단 외국에서 글자를 몰라도 우리는 쉽게 화장실이나 *비상구를 찾을 수 있습니다. 픽토그램이 있기 때문입니다. 나이, 언어에 관계없이 누구라도 쉽게 사물이나 시설, 행동 등을 알아볼 수 있도록 단순하게 나타낸 그림 문자를 '픽토그램'이라고 합니다.

2문단 그동안 픽토그램은 여러 사회의 문화나 생활 *습성을 토대로 만들어졌습니다. 예를 들어 남성은 파란색 바지를 입은 모습으로, 여성은 분홍색 치마를 입은 모습으로, 장애인은 휠체어에 앉아 있는 모습으로 표현되었습니다. 하지만 그러한 픽토그램이 성별이나 계층에 대한 편견을 심어 준다는 지적이 일어났고, 사람들의 요구에 따라 픽토그램은 계속 변화되었습니다.

3문단 뉴욕의 디자이너 사라 헨드렌은 기존의 장애인 픽토그램에 묘사된 장애인이 누군가 휠체어를 밀어 주지 않으면 아무것도 할 수 없는 *수동적인 모습이라고 생각했습니다. 그녀는 장애인에 대한 편견을 바꾸기 위해, 휠체어를 스스로 움직이며 앞을 향해 나아가는 *능동적인 모습의 장애인 픽토그램을 만들었습니다. 뉴욕의 시민들은 그녀의 픽토그램을 *지지하기 시작했고, 이들의 요구에 따라 뉴욕시는 46년 만에 픽토그램을 바꾸기로 결정했습니다.

4문단 우리나라에서도 여성이나 남성의 역할에 대한 편견을 심어 줄 염려가 있는 픽토그램을 다른 형태로 바꾸었습니다. 지금까지는 여러 안내 표시판에서 어린이의 보호자를 여성으로 묘사한 픽토그램이 사용되어 왔습니다. 그러나 이러한 픽토그램이 아이를 돌보는 사람은 여성이어야 한다는 편견을 심어 줄 수 있다는 문제가 지적되면서 보호자의 성별이 드러나지 않는 픽토그램으로 *변경되었습니다.

▲ 수동적인 모습의 초기 장애인 픽토그램

▲ 능동적인 모습의 새로운 장애인 픽토그램

➡️ 낱말
풀이

비상구 화재나 지진 따위의 갑작스러운 사고가 일어날 때에 급히 대피할 수 있도록 특별히 마련한 출입구.
습성 습관이 되어 버린 성질.
수동적 스스로 움직이지 않고 다른 것의 영향을 받아 움직이는 것.
능동적 다른 것에 이끌리지 아니하고 스스로 일으키거나 움직이는 것.
지지 어떤 사람이나 단체의 의견 등에 뜻을 같이하고, 이를 위하여 힘을 씀.
변경 다르게 바꾸어 새롭게 고침.

편견을 바로잡으며 변화하는 픽토그램

문단별 핵심 내용

1문단　(　　　　　　　　　　　　　)의 의미

2문단　사회의 (　　　　　　　)나 생활 습성을 토대로 만들어진 픽토그램

3문단　(　　　　　　　　) 픽토그램을 변경한 뉴욕

4문단　(　　　　　　　　)의 성별이 드러나지 않는 픽토그램으로 변경한 우리나라

2주

내용 간추리기

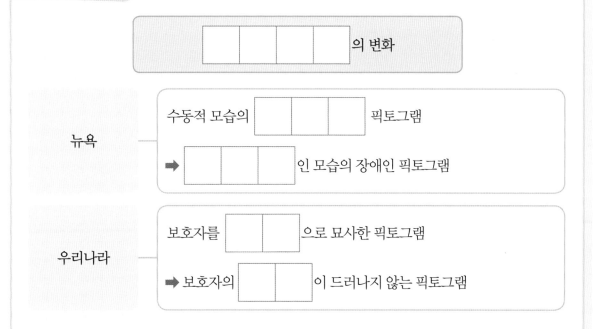

□□□□의 변화

뉴욕
　수동적 모습의 □□□ 픽토그램
　➡ □□□인 모습의 장애인 픽토그램

우리나라
　보호자를 □□으로 묘사한 픽토그램
　➡ 보호자의 □□이 드러나지 않는 픽토그램

한 문장 정리하기

픽토그램은 누구라도 쉽게 사물이나 시설, 행동 등을 알아볼 수 있도록 단순하게 나타낸

＿＿＿＿＿＿＿＿＿＿로, 사람들의 요구에 따라 ＿＿＿＿＿＿을 바로잡으며 변화해 왔다.

주제 찾기

1 이 글의 주제로 알맞은 것은 무엇인가요? ( )

① 우리나라의 픽토그램
② 뉴욕의 픽토그램
③ 픽토그램의 의미와 변화
④ 외국에서 픽토그램을 찾는 법

내용 이해

2 픽토그램에 대한 설명으로 알맞지 <u>않은</u> 것은 무엇인가요? ( )

① 픽토그램은 단순하게 나타낸 그림 문자이다.
② 픽토그램은 누구나 바로 알아볼 수 있게 만들어졌다.
③ 우리나라에서는 어린이의 보호자를 여성으로 묘사한 픽토그램으로 바꾸었다.
④ 뉴욕의 장애인 픽토그램은 수동적인 모습에서 능동적인 모습으로 변화되었다.

내용 적용

3 다음 글을 읽고, 빈칸에 들어갈 알맞은 낱말을 쓰세요.

> 1972년 5월 일본의 한 백화점에서 불이 나 많은 사람이 부상을 입거나 사망했다. 이와 같은 피해의 원인 중 하나는 사람들이 대피할 방향을 찾지 못해서였다. 당시 일본에서는 한자로 '非常口(비상구)'라고 쓰인 표지판을 사용하였는데, 이 한자는 아이나 외국인이 읽기 어려웠고, 긴급하고 위험한 상황에서 눈에 띄지 않았다. 이후 이러한 일을 막고자 누구나 쉽게 이해할 수 있는 픽토그램으로 비상구 안내 표지판을 만들었다.

✏️ 화재 이후 사람들이 한눈에 알아볼 수 있는 [   ]이 비상구 안내 표지판에 쓰였다.

어휘력 완성하기

정답과 해설 | 103쪽

어휘 이해

1 낱말의 뜻을 읽고, 문장의 빈칸에 들어갈 낱말을 보기 에서 찾아 쓰세요.

> 보기
>
> 지지   편견   능동적   비상구   수동적

❶ 많은 국민들의 [   ][   ] 로/으로 대통령에 당선되었다.

> 낱말의 뜻 어떤 사람이나 단체의 의견 등에 뜻을 같이하고, 이를 위하여 힘을 씀.

❷ 그 친구는 모든 일에 [   ][   ][   ] 로/으로 솔선수범한다.

> 낱말의 뜻 다른 것에 이끌리지 아니하고 스스로 일으키거나 움직이는 것.

❸ 모든 건물의 복도 끝에는 [   ][   ][   ] 이/가 있다.

> 낱말의 뜻 화재나 지진 따위의 갑작스러운 사고가 일어날 때에 급히 대피할 수 있도록 특별히 마련한 출입구.

어휘 적용

2 다음 중 밑줄 친 낱말을 잘못 활용한 친구는 누구인가요?   (   )

① 소진: 고양이는 물을 싫어하는 습도가 있어.

② 민준: 동생이 어제 본 영화를 자세하게 묘사해 줘서 이해가 잘 되었어.

③ 효연: 남자는 파란색, 여자는 분홍색을 좋아한다는 생각은 편견이야.

④ 훈석: 친구들과 함께 정한 계획을 변경하기는 어려워.

어휘 관계

3 밑줄 친 낱말과 뜻이 반대인 것은 무엇인가요?   (   )

> 이 동화 속 주인공은 부모님이 시키는 대로만 움직이는 수동적 인물이다.

① 구제적   ② 소극적   ③ 합리적   ④ 능동적

35

캐서린 스위처, 편견을 부수다

1문단 올림픽의 마지막 종목이 무엇인지 알고 있나요? 바로 마라톤입니다. 지금은 상상하기 어렵지만, 불과 50여 년 전까지만 해도 마라톤은 남성들만 참가할 수 있는 종목이었습니다. 다리가 굵어질 수 있고 가슴에 털이 날 수 있다는 등의 이유로 여성의 마라톤 참가를 금지했기 때문입니다.

2문단 그런데 1967년 제71회 보스턴 마라톤 대회에 특별한 선수가 참가하게 됩니다. 보스턴 마라톤 최초의 *공식 여성 참가자 '캐서린 스위처'가 그 주인공입니다. 당시에는 참가 신청서에 성별을 적는 칸이 없어서, 캐서린 스위처는 공식적으로 대회에 참가 신청서를 낼 수 있었습니다. 이전에도 마라톤에 참가하려고 했던 여성들이 있었지만, 그들은 대회에 공식적으로 참여하지 않았습니다. 가발을 쓰거나 스웨터를 껴입고 자신이 여성이라는 것을 숨긴 채 몰래 참가했습니다. 그러나 캐서린 스위처는 립스틱을 바른 채로 대회장에 나타나 자신이 여성임을 당당하게 드러냈습니다.

3문단 그러나 마라톤을 시작한 캐서린 스위처가 *완주를 하기는 쉽지 않았습니다. 약 6km쯤 달렸을 때, 여자가 달리고 있다는 사실을 알게 된 관계자들이 캐서린을 막기 위해 달려왔기 때문이었습니다. 하지만 그녀는 그들의 방해를 뚫고 완주에 성공했습니다.

4문단 캐서린의 소식이 널리 알려지면서 여성은 마라톤에 *출전할 수 없다는 편견이 깨지기 시작했습니다. 1971년 뉴욕 마라톤 대회에서는 세계 최초로 여성 참가가 *허용되었습니다. 캐서린이 마라톤 완주를 한 후 4년 만의 일이었습니다. 이듬해에는 보스턴 마라톤 대회에서도 여성 참가를 허용하였고, 1974년에는 여자부가 *신설되었습니다. 또한 1984년 LA 올림픽부터 여자 마라톤이 올림픽 정식 종목으로 *채택되었습니다. 캐서린은 마라톤에 최초로 참가한 여성이자, 이후 마라톤 여성 부문이 생기는 계기를 마련한 용기 있는 여성이었습니다.

➡ 낱말
풀이
공식 국가 또는 사회에서 인정된 방식.
완주 목표한 지점까지 다 달림.
출전 시합이나 경기 따위에 나감.
허용 허락하여 너그럽게 받아들임.
신설 새로 설치하거나 필요한 것을 갖춤.
채택 작품, 의견, 제도 따위를 골라서 다루거나 뽑아 씀.

캐서린 스위처, 편견을 부수다

문단별 핵심 내용

1문단   남성들만 참가할 수 있었던 올림픽 종목, (   )

2문단   보스턴 마라톤 최초의 공식 여성 참가자, (   )

3문단   방해를 뚫고 마라톤 (   )에 성공한 캐서린 스위처

4문단   캐서린을 통해 깨진 (   )의 마라톤 출전에 대한 편견

내용 간추리기

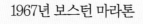

마라톤 여성 부문이 생겨난 과정

1967년 이전

□□ 들만 마라톤에 참가할 수 있었음.

➡

1967년 보스턴 마라톤

캐서린 스위처가 □□ 임을 당당하게 드러내고 공식 참가함.

1971년 뉴욕 마라톤

➡ 세계 □□ 로 여성 참가가 허용됨.

➡

1984년 LA 올림픽

여자 마라톤이 올림픽 □□ 종목으로 채택됨.

🖍 한 문장 정리하기

여성 최초의 마라톤 공식 참가자 캐서린 스위처로 인해 여자는 마라톤에 _____

_____는 편견이 깨지게 되었다.

문해력 완성하기

주제 찾기

1 이 글에서 글쓴이가 말하고자 하는 중심 내용은 무엇인가요? ( )

① 마라톤을 잘할 수 있는 방법

② 세계적으로 유명한 마라톤 대회

③ 여성이 마라톤에 출전할 수 있게 된 과정

④ 마라톤에서 우승하기 위한 캐서린 스위처의 노력

내용 이해

2 다음은 이 글을 읽고, 1967년 보스턴 마라톤 대회의 참가 신청서를 상상해서 만든 것입니다. <u>잘못된</u> 것을 고르세요. ( )

① 이름		② 성별	
③ 주소		④ 소속	
대회 참여 경력			
본인은 마라톤 대회의 규칙을 지키며 정정당당하게 경기에 임할 것을 다짐합니다.			
		1967년 월 일	
		참가자: (인)	

내용 추론

3 다음은 50년 후 다시 보스턴 마라톤 대회에 참가한 캐서린 스위처에 대한 기사의 일부입니다. 빈 곳에 들어갈 알맞은 말을 쓰세요.

> 1967년 여성 최초로 마라톤 완주에 성공했던 캐서린 스위처는 50년 만인 2017년 4월 17일 다시 완주에 성공했다. 이날 기록은 4시간 44분 31초로 50년 전의 기록과 약 24분 밖에 차이가 나지 않았다.
>
> 50년 전과 달리 이날은 아무도 그녀를 막아서지 않았다. 만약 50년 전 그녀가 편견을 깨기 위해 달리지 않았다면, 여성의 마라톤 참여는 _____.

_____

어휘 이해

1 밑줄 친 낱말의 뜻으로 알맞은 것을 찾아 줄로 이으세요.

① 나는 다리에 쥐가 나서 마라톤 <u>완주</u>를 포기하고 말았다. •

② <u>신설</u>된 병원이라 진료실이 아주 깨끗하다. •

③ 올림픽에 <u>출전</u>하기 위해서는 많은 준비가 필요하다. •

• ㉠ 시합이나 경기 따위에 나감.

• ㉡ 목표한 지점까지 다 달림.

• ㉢ 새로 설치하거나 필요한 것을 갖춤.

어휘 적용

2 다음 글을 읽고, 빈칸에 공통으로 들어갈 낱말을 보기 에서 찾아 쓰세요.

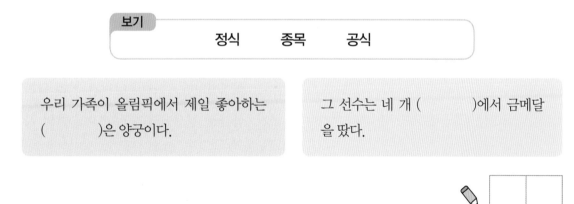

보기

정식   종목   공식

우리 가족이 올림픽에서 제일 좋아하는 (   )은 양궁이다.

그 선수는 네 개 (   )에서 금메달을 땄다.

어휘 관계

3 밑줄 친 낱말과 뜻이 반대인 것은 무엇인가요?   (   )

현재 <u>공식</u>적인 마라톤 최고 기록은 케냐의 엘리우드 킵초게의 2시간 01분 39초이다.

① 비공식   ② 정식   ③ 방식   ④ 수식

3일차

사회

테러를 일삼는 종교라고요?

1문단 2020년 기준, 이슬람교를 믿는 사람은 전 세계적으로 20억 명에 이릅니다. 많은 사람들이 믿는 종교임에도 불구하고, 모든 이슬람교를 '여성을 차별하는 종교, 전쟁과 테러를 일삼는 종교, 다른 종교를 *박해하는 종교'라고 생각하는 사람들이 많습니다. 그러나 이는 이슬람교에 대한 이해의 부족에서 비롯된 편견일 수 있습니다.

2문단 이슬람교에서는 여성의 얼굴과 몸을 천으로 감싸게 합니다. 일부 이슬람교에서는 여성을 차별하기도 하지만, 여성의 얼굴과 몸을 가리게 하는 것이 꼭 여성을 차별하기 위한 의도라고 볼 수는 없습니다. 이는 남녀를 구분하는 이슬람만의 문화라고 할 수 있습니다. 이슬람 문화에서 남자는 어깨에서 무릎까지의 신체 부위를 가리고, 여자는 부르카나 히잡을 사용해 얼굴과 몸을 가리게 하는 것입니다. 또한 터키를 비롯한 이슬람 국가에서는 1934년 여성의 *참정권을 인정하였는데, 이는 1948년 여성의 참정권을 인정했던 우리나라보다도 앞서 있어 이슬람교가 여성을 차별하는 종교라는 것이 편견임을 보여 줍니다.

3문단 이슬람교를 믿는 사람들 모두가 전쟁과 테러를 일으킨다는 것도 편견일 수 있습니다. 이러한 오해는 '*이슬람 극단주의 무장 단체'의 행동에서 비롯되었습니다. 이 단체는 2001년 미국의 여객기를 납치해 수천 명의 목숨을 앗아갔고, 이외에도 수많은 이들의 목숨을 위협했습니다. 하지만 이슬람교의 원리와 이치를 적은 책인 『쿠란』에서는 *살생을 엄격히 금하고 있어, 테러를 이슬람교 전체의 문제로 여기는 것은 그릇된 시각일 수 있습니다.

4문단 흔히 이슬람교는 다른 종교를 박해한다고 여겨집니다. 그러나 알려진 것과 달리 이슬람교는 다른 종교에 *관대한 편입니다. 과거 *십자군 전쟁에서 승리한 이슬람의 장군은 기독교를 믿는 사람들에게 떠날 수 있는 자유를 주기도 했습니다.

5문단 '장님 코끼리 만지기'라는 속담이 있습니다. 부분을 보고 전체를 파악하기 몹시 어렵다는 뜻입니다. 일부를 보고 전체를 판단할 때 오해와 편견이 생기기 쉽습니다. 이슬람교를 한쪽의 시각으로 바라보며 편견을 갖기보다, 균형 있게 바라보고 판단하는 노력이 필요합니다.

➡ 낱말
풀이
박해 못살게 굴어서 해롭게 함.
참정권 국민이 나라의 정치에 직접 또는 간접으로 참여하는 권리.
이슬람 극단주의 무장 단체 이슬람교를 믿지 않는 사회를 공격하는 단체.
살생 사람이나 짐승 따위의 생물을 죽임.
관대하다 마음이 너그럽고 크다.
십자군 전쟁 11~14세기에 예루살렘이라는 지역을 두고, 기독교와 이슬람교 사이에 일어난 전쟁.

테러를 일삼는 종교라고요?

문단별 핵심 내용

1문단 (   )에 대한 편견

2문단 이슬람교가 여성을 (   )하는 종교라는 편견

3문단 이슬람교가 (   )과 테러를 일삼는다는 편견

4문단 이슬람교가 다른 (   )를 박해한다는 편견

5문단 (   )을 갖기보다 균형 있게 바라보고 판단하는 노력이 필요함.

내용 간추리기

> 이슬람교에 대한 편견

편견	실제
☐☐을 차별함.	• 여성의 신체를 가리는 것은 이슬람의 문화임. • 여성의 ☐☐☐을 우리나라보다 먼저 인정했음.
전쟁과 테러를 일삼음.	• 일부 무장 단체에서 테러를 일으킴. • 『쿠란』에서는 ☐☐을 금하고 있음.
다른 종교를 ☐☐함.	• 다른 종교에 관대한 편임. • 십자군 전쟁에서 승리한 이슬람의 장군은 기독교를 믿는 사람들에게 떠날 수 있는 자유를 주기도 했음.

✎ 한 문장 정리하기

_____에 대한 여러 _____이 있지만, 한쪽의 시각으로 바라보고

편견을 갖기보다 _____ 있게 바라보고 판단하려는 노력이 필요하다.

주제 찾기

1 이 글의 주제로 알맞은 것은 무엇인가요? ( )

① 사람들이 이슬람교를 믿는 이유

② 이슬람교에 대한 편견

③ 이슬람 국가의 여성 참정권

④ 이슬람교와 다른 종교와의 갈등

내용 이해

2 다음 중 이 글의 내용으로 바르지 <u>않은</u> 것은 무엇인가요? ( )

① 1934년 터키에서는 여성의 참정권을 인정했다.

② 이슬람 여성은 부르카나 히잡으로 얼굴과 몸을 가린다.

③ 이슬람교의 『쿠란』에서는 살생을 엄격히 금하고 있다.

④ 십자군 전쟁에서 승리한 이슬람의 장군은 기독교인들을 노예로 삼았다.

내용 추론

3 다음 글을 읽고, 친구들이 나눈 대화입니다. 빈 곳에 들어갈 알맞은 말을 쓰세요.

> 최근 ○○시의 한 초등학교 학생이 친구들과의 종교적, 문화적 차이로 인한 어려움을 털어 놓았습니다. 터키에서 온 이 학생은 학교 급식에서 돼지고기로 요리된 음식을 먹지 않았다고 합니다. 이슬람교에서는 돼지고기를 먹는 것을 금하고 있기 때문입니다. 그런데 이를 본 친 구들에게 놀림과 비난을 받았던 것입니다. 우리나라는 서로 다른 인종, 종교, 문화 등이 어우 러진 다문화 사회입니다. 이를 인정하고 서로의 차이를 존중하며 이해하는 자세가 필요한 때 입니다.

태호: 종교적 차이로 인해 음식 문화가 다르다고 해서 _____.

은영: 맞아. 편견을 가지고 바라보면 오해할 수도 있어. 서로 다른 문화의 차이를 인정하고, 서로의 문화를 존중하려는 노력이 필요해.

_____

어휘력 완성하기

어휘 이해

1 낱말의 뜻을 읽고, 알맞은 낱말을 찾아 줄로 이으세요.

① 못살게 굴어서 해롭게 함. •

② 사람이나 짐승 따위의 생물을 죽임. •

③ 국민이 나라의 정치에 직접 또는 간접으로 참여하는 권리. •

• ㉠ 참정권

• ㉡ 살생

• ㉢ 박해

어휘 적용

2 다음 글을 읽고, 빈칸에 공통으로 들어갈 낱말을 보기 에서 찾아 쓰세요.

보기

박해   경쟁   협력

• 독립군은 일제의 모진 (   )을/를 피하여 다른 나라로 망명하였다.
• 조선 후기 천주교가 우리나라에 들어왔을 때는 많은 (   )을/를 받았다.

어휘 관계

3 다음 보기 의 두 낱말의 관계와 비슷한 것은 무엇인가요?   (   )

보기

억압 – 탄압

① 능동 – 수동   ② 오해 – 곡해   ③ 평등 – 차별   ④ 갈등 – 화해

4일차

편견에 맞서 탄생한 여섯 개의 점

1문단 손끝으로 만져서 읽는 글자, 점자를 아시나요? 볼록하게 튀어나온 여러 개의 점으로 이루어진 점자는, 시각 장애인들이 글을 읽거나 쓰기 위하여 꼭 필요한 문자입니다. 엘리베이터 버튼의 볼록한 점들도 바로 점자이지요. 이 점자를 만든 사람은 시각 장애인이었던 루이 브라유입니다. 루이 브라유는 시각 장애를 극복하고, 보다 쉽게 읽고 쓸 수 있는 점자를 만들어 자신과 같은 처지의 시각 장애인들에게 희망을 주었습니다.

2문단 루이 브라유는 4세가 되던 해, 사고와 감염으로 시력을 모두 잃게 되었습니다. 파리의 왕립*맹아 학교에 입학한 루이는 공부를 열심히 하고 싶었습니다. 하지만 당시 시각 장애인이 사용하던 *돋을새김 글자는 일반 문자 모양 그대로 볼록하게 만들어졌기 때문에 손끝으로 구별하기가 매우 어렵고 불편했습니다. 그러다 군인들이 사용하는 신호가 적힌 종이를 우연히 발견한 루이는 새로운 아이디어를 떠올렸습니다. A는 동그라미 하나, B는 동그라미 두 개와 같이 점으로 된 암호 문자를 직접 만들기로 결심한 것입니다. 1824년 루이가 15세가 되던 해, 마침내 6개의 점으로 알파벳 26글자를 모두 표기할 수 있는 점자를 만드는 데 성공했습니다.

3문단 그 당시 사람들은 시각 장애인은 눈이 보이지 않기 때문에 아무것도 할 수 없다고 생각했습니다. 이러한 편견 속에서 대부분의 시각 장애인들은 직업을 가질 수 없었고, 가난하고 불행한 삶을 살았습니다. 그러나 브라유의 점자가 사용되기 시작하면서 쉽게 글을 읽고 쓰며 더 나은 교육을 받을 수 있었고, 다양한 직업을 가지고 꿈을 이루며 살 수 있게 되었습니다.

4문단 시각 장애인은 아무것도 할 수 없다는 사람들의 편견에 맞서, 15세 소년 루이 브라유는 모두가 불가능하다고 생각한 일에 도전했습니다. 자신도 앞을 볼 수 없었지만 희망을 잃지 않았습니다. 그의 용기와 도전은 세상에서 가장 아름다운 여섯 개의 점, '브라유 점자'가 되어 수많은 시각 장애인의 꿈과 행복을 이루는 데 도움을 주었습니다.

▲ 점자가 표시된 엘리베이터 버튼

➡️ **낱말풀이** 맹아 학교 시각 장애인, 청각 장애인, 언어 장애인을 대상으로 특수 교육을 실시하는 학교.
돋을새김 평평한 면에 글자나 그림 따위가 모양 그대로 튀어나오게 새김.

편견에 맞서 탄생한 여섯 개의 점

문단별 핵심 내용

1문단 시각 (   )를 극복하고 점자를 만든 루이 브라유

2문단 6개의 점으로 (   )를 만드는 데 성공한 루이 브라유

3문단 시각 장애인의 능력이 부족하다고 생각한 당시 사람들의 (   )

4문단 시각 장애인의 꿈과 행복을 이루는 데 도움이 된 '(   ) 점자'

내용 간추리기

브라유 점자

브라유 점자 개발 전

- 시각 장애인은 아무것도 할 수 □□ 는 편견이 있었음.

- □□ 을 갖기 어려워 가난하고 불행했음.

브라유 점자 개발 후

- 더 나은 □□ 을 받을 수 있게 됨.

- 다양한 □□ 을 가지고 꿈을 이루며 살 수 있게 됨.

한 문장 정리하기

루이 브라유는 ＿＿＿＿＿＿＿＿＿＿＿＿＿은 아무것도 할 수 없다는 사람들의 편견에

맞서, 여섯 개의 점으로 ＿＿＿＿＿＿＿＿＿＿＿를 개발하여 시각 장애인의 꿈과

행복을 이루는 데 도움을 주었다.

1 이 글에서 글쓴이가 말하고자 하는 중심 내용은 무엇인가요? ( )

① 돋을새김 글자의 특징

② 시각 장애인에 대한 편견

③ 점자책을 만드는 방법

④ 편견을 극복하고 점자를 만든 루이 브라유의 노력

2 이 글의 내용을 바르게 말한 친구에게는 ○표, 틀리게 말한 친구에게는 X표 하세요.

희동　브라유 점자 덕분에 시각 장애인의 삶이 편리해졌어. ( )

다인　루이 브라유는 편견을 극복하기 위해 열심히 노력했어. ( )

윤진　시각 장애인이 책을 읽는다는 것은 불가능한 일이야. ( )

민재　루이 브라유가 점자를 직접 만들지는 않았어. ( )

3 다음은 루이 브라유와 선생님의 대화입니다. 빈칸에 공통으로 들어갈 낱말을 쓰세요.

> **루이 브라유**: 선생님, 이 글자가 무슨 뜻인지 잘 모르겠어요. 'p'라고 쓰여 있는 건가요? 아니면 'b'라고 쓰여 있는 건가요?
>
> **선생님**: 루이야, 그것은 'b'란다. 'b' 모양의 돋을새김 글자로 잘 쓰여 있단다.
>
> **루이 브라유**: 선생님, 모든 알파벳 모양을 손끝으로 읽는 방법은 너무 어려워요. 글자가 많아지면 구별하기가 쉽지 않고요. 시간도 오래 걸려요.
>
> **선생님**: 그래도 어쩌겠니. 시각 장애인용 책은 돋을새김 글자로만 이루어져 있는 것을…….
>
> **루이 브라유**: 선생님, 저는 결심했어요. 새로운 ( )를 만들 거예요. 적은 개수의 점으로 읽기 쉬운 ( )를 만들어 보겠어요.

46

2주

어휘 이해

1 밑줄 친 낱말의 뜻으로 알맞은 것을 찾아 줄로 이으세요.

① 우리 모두 힘을 모아 전염병의 위험을 <u>극복</u>해야 한다. ·

② 이 선수는 이번 대회에서 세계 최고 기록에 <u>도전</u>하고 있다. ·

③ 피부색에 대한 <u>편견</u>은 누군가에게 상처를 줄 수 있다. ·

· **㉠** 안 좋은 조건이나 고생 따위를 이겨 냄.

· **㉡** 공정하지 못하고 한쪽으로 치우친 생각.

· **㉢** 어려운 일이나 기록을 세우는 일에 맞섬.

어휘 적용

2 다음 밑줄 친 낱말과 <u>같은</u> 뜻으로 쓰인 문장은 무엇인가요? ( )

> 시각 장애인은 아무것도 할 수 없다는 사람들의 편견에 <u>맞서</u>, 15세 소년 루이 브라유는 모두가 불가능하다고 생각한 일에 도전했습니다.

① 그 환자는 죽음의 공포에 <u>맞서</u> 싸웠습니다.
② 강력한 적과 <u>맞서</u> 물러서지 않았습니다.
③ 두 호랑이는 서로 <u>맞서</u> 더 이상 움직이지 않았습니다.
④ 두 친구가 서로 <u>맞서</u> 노려보고 있었습니다.

어휘 관계

3 밑줄 친 낱말과 뜻이 비슷한 것은 무엇인가요? ( )

> 대부분의 시각 장애인들은 직업을 가질 수 없었고, 가난하고 <u>불행한</u> 삶을 살았습니다.

① 불리한   ② 불쾌한   ③ 불안한   ④ 불우한

식습관의 편견을 깬 나비가 있다?

과학 5-2

1문단 보통 '나비'라고 하면 두 쌍의 아름다운 날개를 팔랑이며 꽃밭 위를 날아다니는 모습, 둥글게 말린 긴 대롱을 펼쳐 꿀을 빨아 먹는 모습, 또는 잎을 갉아먹는 작은 나비 애벌레의 모습을 떠올립니다. 하지만 우리의 이런 생각이 편견임을 깨닫게 하는 나비가 있습니다. 바로 특이한 식습관을 가진 바둑돌부전나비입니다.

2문단 바둑돌부전나비는 대나무 종류 중 하나인 조릿대 근처에 *서식합니다. 그곳에는 일본납작진딧물이 많기 때문입니다. 일본납작진딧물은 바둑돌부전나비 애벌레의 먹이입니다. 애벌레는 진딧물 사이에 숨어 있다가 입에서 뿜어낸 실로 진딧물을 감쌉니다. 그리고 실에 묶여 움직이지 못하는 진딧물을 통째로 잡아먹습니다. 잎에 있는 진딧물을 다 잡아먹으면 애벌레는 다른 잎으로 옮겨가 진딧물을 잡아먹습니다. 그리고 번데기 시기를 거쳐 *성충이 됩니다.

3문단 일부 나비들의 경우 애벌레 시기에 육식을 하더라도, 성충이 되면 꽃의 꿀이나 식물의 줄기에서 만들어지는 맛이 단 물질을 먹는 것이 대부분입니다. 하지만 바둑돌부전나비는 성충이 되어서도 여전히 육식을 합니다. 애벌레 때는 진딧물을 통째로 잡아먹지만, 성충이 된 바둑돌부전나비는 일본납작진딧물의 *분비물이나 죽은 진딧물의 *체액을 먹으며 지냅니다.

4문단 작고 아름다운 바둑돌부전나비의 육식은 조릿대의 성장에 도움을 줍니다. 조릿대에 서식하는 일본납작진딧물은 해충이기 때문입니다. 진딧물은 조릿대의 *수액을 빨아먹어 잎을 마르게 하고, 흰색 가루와 끈적한 분비물로 조릿대를 말라 죽게 만듭니다. 그런데 이 진딧물을 바둑돌부전나비가 먹어 없애는 것이지요. 나비는 꿀만 먹는다는 편견을 깨뜨리고, 오히려 특이한 식습관으로 생태계에 도움을 주는 신기한 바둑돌부전나비입니다.

▲ 바둑돌부전나비

➡ 낱말
풀이

서식 생물이 일정한 곳에 자리를 잡고 사는 것.
성충 다 자란 어른 곤충.
분비물 침, 땀과 같이 몸속에서 나오는 물질.
체액 동물의 몸속에 있는 혈액 등을 통틀어 이르는 말.
수액 땅속에서 나무의 줄기를 통하여 잎으로 올라가는 액.

식습관의 편견을 깬 나비가 있다?

문단별 핵심 내용

1문단 특이한 식습관을 가진 (   )

2문단 일본납작진딧물을 먹는 바둑돌부전나비 (   )

3문단 성충이 되어서도 (   )을 하는 바둑돌부전나비

4문단 조릿대의 (   )에 도움을 주는 바둑돌부전나비의 육식

내용 간추리기

바둑돌부전나비의 식습관

먹이
- 애벌레 — [   ]에서 뿜어낸 [   ]로 일본납작진딧물을 감싸서 통째로 잡아먹음.
- 성충 — 일본납작진딧물의 [   ][   ][   ]이나 죽은 진딧물의 체액을 먹음.

생태계에 주는 영향 — 해충인 일본납작진딧물을 잡아먹어 [   ][   ][   ]의 성장에 도움을 줌.

한 문장 정리하기

나비의 _____에 대한 편견을 깬 바둑돌부전나비는 애벌레일 때는 물론, 성충이

되어서도 _____을 먹어 조릿대의 성장에 도움을 준다.

주제 찾기

1 이 글의 주제는 무엇인가요?　　　　　　　　　　　　　　　　　　　　（　　　　　）

① 바둑돌부전나비의 식습관

② 바둑돌부전나비의 한살이

③ 바둑돌부전나비의 아름다움

④ 우리나라에 사는 나비의 종류

내용 이해

2 이 글의 내용을 바르게 말한 친구에게는 ○표, 틀리게 말한 친구에게는 X표 하세요.

> **이삭** ▶ 바둑돌부전나비는 먹이를 잡아먹기 위해 조릿대 근처에 서식하는구나. （　　　　）
>
> **기민** ▶ 조릿대에게는 바둑돌부전나비 애벌레가 고마운 존재겠다. （　　　　）
>
> **민석** ▶ 바둑돌부전나비 애벌레도 잎을 갉아먹고 사는구나. （　　　　）
>
> **성태** ▶ 바둑돌부전나비 때문에 생태계에 큰 위기가 생길 거야. （　　　　）

내용 추론

3 다음 대화를 읽고, 빈칸에 들어갈 알맞은 말을 쓰세요.

> **유찬**: 우아! 이런 대나무 숲에 나비가 살다니, 신기하다.
>
> **윤규**: 이 대나무는 조릿대라고 해. 조릿대에 앉아 있는 나비는 바둑돌부전나비지.
>
> **유찬**: 오, 육식을 한다는 바둑돌부전나비가 바로 저 나비이구나!
>
> **윤규**: 맞아. 애벌레일 때는 물론이고, 성충이 되어서도 육식을 한대.
>
> **유찬**: 조릿대에 바둑돌부전나비의 먹이인 일본납작진딧물이 산다는데?
>
> **윤규**: 맞아. 진딧물은 조릿대에 살면서 조릿대를 말라 죽게 해. 그런데 그런 진딧물을 바둑돌부전나비 애벌레가 잡아먹는 거지!
>
> **유찬**: 정말? 그렇다면 바둑돌부전나비는 (　　　　　)에 도움을 주는 역할을 하는구나!

어휘력 완성하기

어휘 이해

1 밑줄 친 낱말의 뜻으로 알맞은 것을 찾아 줄로 이으세요.

① 노린재는 위협을 받으면 몸에서 썩은 냄새를 풍기는 <u>분비물</u>을 만들어 낸다. •

② 바다는 많은 종류의 동식물이 <u>서식</u>하는 생태계의 보고이다. •

③ 잠자리는 <u>성충</u>이 되기 전까지 물속에서 산다. •

• ㉠ 다 자란 어른 곤충.

• ㉡ 생물이 일정한 곳에 자리를 잡고 사는 것.

• ㉢ 침, 땀과 같이 몸속에서 나오는 물질.

어휘 적용

2 다음 글의 빈칸에 공통으로 들어갈 낱말은 무엇인가요? (　　　　)

> • 가을은 오곡백과가 무르익는 (　　　　)이다.
> • 청소년기는 성장이 매우 빠른 (　　　　)이다.

① 시기　　　　② 시차　　　　③ 시대　　　　④ 시간

어휘 관계

3 밑줄 친 낱말과 뜻이 비슷한 것은 무엇인가요? (　　　　)

> 공부를 많이 해서인지 이번 시험은 <u>수월했다</u>.

① 힘들었다　　　　② 어려웠다　　　　③ 쉬웠다　　　　④ 난해했다

'여자 색'과 '남자 색'이 있나요?

여러분이 사용하는 물건들은 주로 무슨 색깔인가요? 혹시 대부분 분홍색이거나 또는 파란색이지는 않나요?

우리는 평소에 여자아이들은 분홍색을, 남자아이들은 파란색을 좋아하는 경우를 자주 볼 수 있습니다. 과학자들은 이러한 현상을 보고, 태어날 때부터 성별에 따라 좋아하는 색깔이 정해져 있는지 연구했지만 증거를 찾을 수는 없었지요.

그렇다면 '여자는 분홍색, 남자는 파란색'이라는 편견은 언제 생겨난 것일까요? 불과 100년 전까지만 해도 이러한 색의 구분은 거의 찾아볼 수 없었습니다. 오히려 정반대로 분홍색이 남성적인 색이고, 파란색이 여성적인 색이라고 여겨지기도 했습니다. 1918년 미국의 한 어린이 패션 잡지에는 '일반적으로 분홍색은 남자아이에게 어울리고, 파란색은 여자아이에게 어울리는 색깔'이라는 의견이 실리기도 했지요.

사실 성별에 어울리는 색을 구별하는 현상은 1940년대에 옷을 만드는 회사들이 판매량을 늘리고자 남자아이용 옷과 여자아이용 옷을 따로 만들기 시작하면서 생겨났습니다. 사람들이 좋아하는 색깔은 매우 다양합니다. '여자다움'과 '남자다움'을 색으로 구분하는 것에 대하여 여러분은 어떻게 생각하나요?

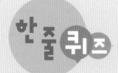

Q. 성별에 어울리는 색을 나누는 현상은 어떻게 생겨나게 되었나요?

_____

일차	영역	공부할 내용	쪽수	공부할 날		스스로 평가
1	예술	사진 저작권을 지킨 '매그넘 포토스'	54~57쪽	월	일	😺😺😺
2	인문	인공 지능 로봇은 사람을 지배할까?	58~61쪽	월	일	😺😺😺
3	사회	민주주의를 향한 미얀마의 함성 [사회 6-1]	62~65쪽	월	일	😺😺😺
4	융합	새똥을 차지하기 위한 전쟁	66~69쪽	월	일	😺😺😺
5	과학	갈등을 부르는 자원, 석유 [과학 6-2]	70~73쪽	월	일	😺😺😺

1일차

예술

사진 저작권을 지킨 '매그넘 포토스'

1문단 '백문이 불여일견'이라는 말이 있습니다. 백 번 듣는 것보다 한 번 보는 것이 낫다는 뜻입니다. 사건을 *보도하는 뉴스나 기사에서도 사람들의 관심을 모으는 것은 백 마디의 말이나 글보다는 한 장의 사진입니다. 그만큼 사진의 힘은 강력합니다.

2문단 예전에는 보도 사진의 *저작권이 주로 언론사에 있었습니다. 언론사가 사진작가에게 어떤 사진이 필요한지 설명하면, 작가는 이에 맞는 사진을 최대한 많이 찍어서 가져갔습니다. 그러면 언론사는 원하는 사진을 선택하여 그대로 사용하기도 했고, 자신들의 필요에 따라 자유롭게 사진을 고쳐 사용하기도 했습니다. 사진작가들은 본인의 생각보다는 언론사가 원하는 방향에 맞춰 사진을 찍을 수밖에 없었고, 결과적으로 작가의 *자율성은 *제한되었습니다.

3문단 이러한 *관행에 반대하여 헝가리의 로버트 카파, 프랑스의 카르티에 브레송 등 세계적으로 유명한 4명의 사진작가가 모였습니다. 이들은 사진작가의 저작권을 지키고 작가의 개성과 자율성을 보장하기 위해, 1947년 '매그넘 포토스'라는 단체를 *설립했습니다. 이 단체에 소속된 작가들은 자유롭게 사진을 찍어서 단체에 보관하였고, 단체는 이렇게 모인 사진을 언론사 등 외부에 판매했습니다. 이로써 사진작가들은 언론사의 눈치를 보지 않고 창의성과 개성을 살려 작품 활동에 집중할 수 있었고, 저작권도 보호할 수 있었습니다.

4문단 매그넘 포토스는 사진작가와 언론사의 갈등을 해결하고, 사람들에게 사진을 통해 생생한 진실을 마주하도록 하였습니다. 오늘날 매그넘 포토스는 '세상을 있는 그대로 기록한다'는 신념으로 예술이나 문화, 인물 등 다양한 영역에서 수준 높은 사진을 제공하고 있습니다.

➡️ **낱말풀이**
보도 대중 매체를 통하여 일반 사람들에게 새로운 소식을 알림.
저작권 그림, 사진, 소설과 같은 창작물에 대하여 창작자가 독차지하는 권리.
자율성 자기 스스로의 원칙에 따라 어떤 일을 하거나, 스스로 자신을 통제하는 성질이나 특성.
제한 일정한 한도를 정하거나 그 한도를 넘지 못하게 막음.
관행 오래전부터 해 오는 대로 함.
설립 기관이나 단체를 만들어 세움.

사진 저작권을 지킨 '매그넘 포토스'

문단별 핵심 내용

1문단 강력한 (   )의 힘

2문단 예전에는 보도 사진의 저작권이 (   )에 있었음.

3문단 (   )의 저작권을 지키기 위해 매그넘 포토스가 설립됨.

4문단 오늘날 (   )의 역할

내용 간추리기

매그넘 포토스 설립 전

- 보도 사진의 [ ][ ][ ]이 언론사에 있었음.

- 사진작가들은 [ ][ ][ ]가 원하는 방향대로 사진을 찍음.

- 사진작가의 [ ][ ][ ]이 제한됨.

매그넘 포토스 설립 후

- 사진작가들은 언론사의 [ ][ ] 를 보지 않고 작품 활동에 집중함.

- 작가의 창의성과 [ ][ ]을 살릴 수 있게 됨.

- 사진작가의 [ ][ ][ ]을 보호할 수 있게 됨.

🖍 한 문장 정리하기

매그넘 포토스가 설립됨으로써 사진작가의 저작권을 지키고 _____

_____

주제 찾기

1 이 글에서 글쓴이가 말하고자 하는 중심 내용은 무엇인가요? ( )

① 사진작가와 언론사의 갈등이 심각했다.
② 매그넘 포토스는 유명한 사진작가들이 만들었다.
③ 매그넘 포토스가 설립되어 사진작가의 자율성이 보장되었다.
④ 매그넘 포토스는 사진을 보관하는 역할을 했다.

내용 이해

2 매그넘 포토스에 대한 설명으로 알맞지 <u>않은</u> 것은 무엇인가요? ( )

① 1947년 4명의 사진작가가 설립하였다.
② 보도 사진의 저작권을 보호하지 못했다.
③ 단체에 소속된 작가들은 자유롭게 찍은 사진을 단체에 보관했다.
④ 단체에 소속된 작가들은 언론사의 눈치를 보지 않고 작품 활동에 집중할 수 있었다.

내용 적용

3 다음 글을 읽고, 빈 곳에 들어갈 알맞은 말을 쓰세요.

> 영화 '스파이더맨'에서는 한 언론사가 스파이더맨의 사진을 찍어 오면 포상금을 주겠다고 광고하는 내용이 등장한다. 이에 주인공은 스파이더맨의 모습, 즉 자신의 모습을 찍은 여러 장의 사진을 언론사에 가져다준다. 언론사는 '영웅인가, 사회의 적인가'라는 제목으로 스파이더맨의 사진을 싣기로 한다. 주인공은 스파이더맨이 시민을 구한 영웅이라고 말했지만, 언론사는 "사진은 네가 찍었지만, 기사는 우리가 쓴다."며 언론사가 원하는 대로 사진을 *왜곡하여 사용한다.
>
> *왜곡 사실과 다르게 해석하거나 그릇되게 함.

 영화 '스파이더맨'의 주인공, 즉 사진작가의 자율성은 _____

어휘력 완성하기

어휘 이해

1 낱말의 뜻을 읽고, 문장의 빈칸에 들어갈 낱말을 보기에서 찾아 쓰세요.

보기

제한   관행   설립   권리

❶ 잘못된 ☐☐ 을/를 없애기 위해서는 끊임없는 노력이 필요하다.

➡낱말의 뜻 오래전부터 해 오는 대로 함.

❷ 우리 학교는 ☐☐ 된 지 50년이 넘었다.

➡낱말의 뜻 기관이나 단체를 만들어 세움.

❸ 전염병이 발생해서 해외여행을 하는 데 ☐☐ 이/가 생겼다.

➡낱말의 뜻 일정한 한도를 정하거나 그 한도를 넘지 못하게 막음.

어휘 적용

2 다음 중 밑줄 친 낱말의 쓰임이 잘못된 것은 무엇인가요? (   )

① 이곳에서는 필요한 세면도구가 모두 제공된다.
② 남매끼리 보고 싶은 TV 채널이 달라 갈망을 겪었다.
③ 상담할 때 나온 모든 이야기는 비밀이 보장된다.
④ 남이 쓴 글을 함부로 베껴 쓰는 것은 저작권을 침해하는 일이다.

어휘 관계

3 밑줄 친 낱말과 뜻이 반대인 것은 무엇인가요? (   )

사진작가가 사진을 언론사에 판매하였다.

① 구매   ② 소비   ③ 자율   ④ 보호

인공 지능 로봇은 사람을 지배할까?

1문단 2016년 홍콩의 한 로봇 제조 회사에서 자신들이 개발한 *인공 지능 로봇 '소피아'를 공개했습니다. 소피아의 외모는 인간과 아주 비슷했고 표정이 다양하였으며 말하는 모습도 사람처럼 자연스러웠습니다. 인간을 돕고 싶다는 소피아의 말에도 불구하고, 사람들은 인간과 너무나 닮은 소피아의 모습에 *막연한 거부감을 느꼈습니다. 다음 해 4월, 미국의 유명한 TV 프로그램에 출연한 소피아는 진행자와 가위바위보를 해서 이기자, "앞으로 인간을 지배할 생각인데 이게 그 시작이 될 것 같아요."라고 했습니다. 소피아의 말을 들은 많은 사람들은 인공 지능 로봇의 지배를 받는 미래가 올까 봐 두려움에 휩싸였습니다. 그런데 사람들이 걱정하는 것처럼 정말 인공 지능 로봇이 사람을 지배하는 때가 올까요?

2문단 많은 전문가들은 인공 지능 로봇이 사람을 지배하는 일은 거의 일어나기 어렵다고 말합니다. 인공 지능 로봇이 사람을 공격하려면 자신의 존재를 스스로 느끼고, 인간을 지배하고 싶은 *욕망을 가져야 하며, 인간에게 *적대감을 느껴야만 합니다. 그런데 인공 지능 로봇에게 이러한 욕망이나 감정을 학습시키기는 어렵습니다. 소피아가 사람을 지배하겠다고 말한 것은 농담이며, 이 농담은 대화를 위해 해당 주제에 대해 미리 학습한 내용에서 나온 것입니다.

3문단 인공 지능 로봇이 인간을 지배할 것이라는 생각은 로봇을 인간처럼 생각한 사람들의 착각에서 비롯된 것이라 할 수 있습니다. 기술적으로 스스로의 존재를 느끼고 욕망과 감정을 가진 인공 지능 로봇을 만들기는 거의 불가능합니다. 많은 전문가들은 영화에서처럼 유능한 로봇 연구자가 인간을 지배하는 로봇을 만들거나, 인간을 지배하려는 로봇이 우연히 만들어질 확률은 매우 낮다고 말합니다. 결국 우리가 고민해야 할 것은 인공 지능 로봇이 인간을 지배할 것인가보다, 어떻게 하면 사람들의 생활을 더 편리하게 하고 이롭게 하는 로봇을 만들 것인가여야 할 것입니다.

➡ 낱말
풀이 　인공 지능　컴퓨터가 인간처럼 생각하고 학습하여 스스로 행동하도록 만들어진 기술.
　　　막연하다　뚜렷하지 못하고 어렴풋하다.
　　　욕망　부족을 느껴 무엇을 가지거나 누리고자 탐함. 또는 그런 마음.
　　　적대감　적으로 여기는 감정.

인공 지능 로봇은 사람을 지배할까?

문단별 핵심 내용

1문단 인공 지능 로봇 '(   )'의 개발로 인공 지능 로봇의 지배를 받는 미래를 두려워하는 사람들

2문단 인공 지능 로봇이 사람을 (   )하는 일은 일어나기 어려움.

3문단 인공 지능 로봇이 (   )을 지배할 것이라는 생각은 사람들의 착각에서 비롯된 것임.

3주

내용 간추리기

> 인공 지능 로봇이 사람을 공격하기 위한 조건

① 인공 지능 로봇이 자신의 [   ][   ]를 스스로 느껴야 함.

② 인공 지능 로봇이 인간을 지배하고 싶은 [   ][   ]을 가져야 함.

③ 인공 지능 로봇이 인간에게 [   ][   ]을 느껴야 함.

인공 지능 로봇에게 인간의 욕망과 감정을 [   ][   ]시키기 어려움.

따라서 인공 지능 로봇이 인간을 지배하는 일은 일어나기 어려움.

한 문장 정리하기

미래에 인공 지능 로봇의 지배를 받게 될까 봐 걱정하는 사람들도 있지만, _____

_____

문해력 완성하기

주제 찾기

1 이 글의 제목을 다시 붙인다고 할 때 가장 알맞은 것은 무엇인가요?　　　（　　　）

① 인공 지능 로봇의 인간 지배가 불가능한 이유
② 인공 지능 로봇의 편리함
③ 인공 지능 로봇과의 대결에서 이기는 방법
④ 인공 지능 로봇을 개발하기 위한 연구자들의 노력

내용 이해

2 다음 중 이 글의 내용으로 알맞은 것은 무엇인가요?　　　（　　　）

① 사람들은 '소피아'를 보며 막연한 호기심을 느꼈다.
② 인공 지능 로봇 '소피아'는 미국에서 개발되었다.
③ 감정을 가진 로봇을 만들기는 기술적으로 거의 불가능하다.
④ 인공 지능 로봇은 사람의 욕망과 감정을 학습할 수 있다.

내용 추론

3 다음은 인공 지능 로봇에 대한 두 사람의 의견입니다. 한 사람의 의견을 선택해 인공 지능 로봇의 미래에 대한 자신의 생각을 빈 곳에 써 보세요.

> • 인공 지능이 스스로 진화할 수 있는 단계가 되었을 때, 인공 지능 로봇은 인류를 지배하기 위한 반란을 일으킬 수 있다.
>
> – 물리학자 스티븐 호킹 –
>
> • 사람을 위협하는 인공 지능은 지구가 *자연사할 때까지는 나타나지 않을 것으로 확신한다. 영화는 영화다.
>
> – 서울과학종합대학원 교수 김진호 –
>
> *자연사　늙고 힘이 다하여 자연히 죽음. 또는 그런 일.

✎ 나는＿＿＿＿＿＿＿＿＿＿＿의 말에 동의한다. 왜냐하면, ＿＿＿＿＿＿＿＿＿＿

＿＿＿＿＿＿＿＿＿＿＿＿＿＿＿＿＿＿＿＿＿＿＿＿＿＿＿＿＿＿＿＿＿＿＿＿＿

3주

1 낱말의 뜻을 읽고, 아래 글자판에서 알맞은 낱말을 찾아 ○로 묶으세요. 낱말은 가로, 세로로 찾을 수 있어요.

감	배	치	의	주
정	적	대	감	서
지	손	추	적	로
배	노	마	욕	봇
욕	감	음	망	하

❶ 어떤 사람이나 집단, 조직, 사물 등을 자기의 의사대로 복종하게 하여 다스림.

❷ 부족을 느껴 무엇을 가지거나 누리고자 탐함. 또는 그런 마음.

❸ 적으로 여기는 감정.

2 다음 글을 읽고, 빈칸에 공통으로 들어갈 낱말을 쓰세요.

이세돌 9단과의 바둑 대결에서 4승 1패로 승리한 알파고는 (　　　　) 바둑 프로그램이다. (　　　　)이란, 컴퓨터가 인간처럼 생각하고 학습하여 스스로 행동하도록 만들어진 기술이다.

3 밑줄 친 낱말과 뜻이 비슷한 것은 무엇인가요?　　　　　　　　　(　　　)

우리 회사에서는 고객이 원하는 상품을 지정하면 미리 사용해 볼 수 있게 해 드립니다.

① 확보　　　　② 구입　　　　③ 판매　　　　④ 선정

민주주의를 향한 미얀마의 함성

사회 6-1

1문단 2021년, 미얀마에서 일어난 충격적인 사건이 세계 곳곳의 뉴스와 SNS를 통해 전 세계 사람들에게 전해졌습니다. 거리로 나와 평화롭게 *시위를 하던 시민들에게 군인들이 총을 겨누었던 것입니다. 심지어 군인들은 시위에 참여한 사람들을 잡으려고 주택가를 공격했고, 그 과정에서 어린아이들이 군인들의 총에 의해 목숨을 잃기도 했습니다. 어떻게 이런 일이 일어나게 된 걸까요?

2문단 1962년부터 약 50년 동안, 미얀마는 *군부의 지배를 받았습니다. 군부는 민주적인 방법을 무시하고, 소수가 권력을 독차지하여 중요한 일들을 마음대로 결정하는 '독재 정치'를 해 왔습니다. 미얀마 시민들은 투표할 권리도 가질 수 없었고, 자유롭게 자신의 생각을 표현할 수도 없었습니다. 민주주의를 *갈망한 미얀마의 시민들은 오랜 기간 계속된 독재 정치에 맞서기 위해 1989년부터 2010년에 이르기까지 *민주화 운동에 힘썼습니다.

3문단 2015년 선거에서 큰 승리를 거둔 민주화 세력은 독재 정치를 끝맺고, 국민이 주인이 되는 민주주의 정부를 세우고자 하였습니다. 그러나 2021년 2월 미얀마의 군부가 *쿠데타를 일으켜 국가의 모든 권력이 군부에 있음을 세계 곳곳에 알렸습니다. 그리고 민주화를 위해 애쓴 사람들을 감옥에 가두었습니다. 민주주의를 향한 미얀마 시민들의 꿈은 한순간에 물거품이 되었고, 미얀마는 다시 독재 정치의 그늘에 어두워질 위기에 처했습니다.

4문단 그러나 미얀마의 시민들은 쿠데타에 굴하지 않고, 2021년 이에 항의하는 시위를 했습니다. 미얀마의 상황을 접한 전 세계의 사람들은 쿠데타를 일으키고 사람들의 목숨을 함부로 빼앗은 군부 세력을 강하게 비난했습니다. 민주주의를 향한 미얀마 시민들의 간절한 마음은 오늘까지도 계속되고 있으며, 미얀마에 대한 전 세계인들의 응원도 이어지고 있습니다.

▲ 민주화 운동에 힘쓴 미얀마의 정치가 아웅산 수 치

낱말풀이
시위 많은 사람이 거리낌 없이 자신의 생각을 드러내며 모임이나 행진을 하는 일.
군부 군사에 관한 일을 맡아보며, 군의 중요한 위치에 있는 사람들. 또는 그것을 중심으로 한 세력.
갈망 간절히 바람.
민주화 운동 자유와 평등을 포함한 민주주의 원리를 널리 퍼뜨리는 운동.
쿠데타 군사의 힘으로 정치를 담당하는 권력을 빼앗는 일.

민주주의를 향한 미얀마의 함성

문단별 핵심 내용

1문단 세계 곳곳에 전해진 (   )의 충격적인 사건

2문단 독재 정치에 맞서 (   ) 운동에 힘쓴 미얀마 시민들

3문단 미얀마 군부의 쿠데타로 다시 (   ) 정치의 위기에 처한 미얀마

4문단 (   )를 향한 미얀마 시민들의 간절한 마음

내용 간추리기

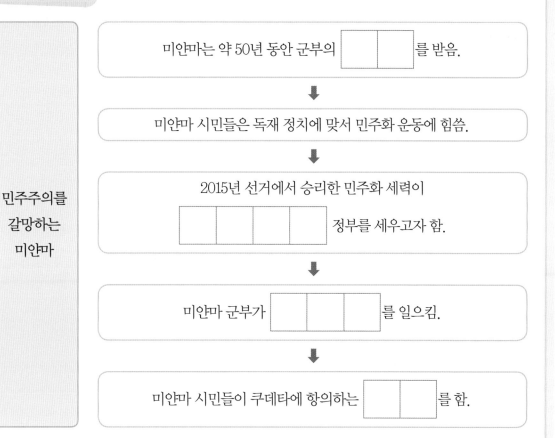

민주주의를 갈망하는 미얀마

미얀마는 약 50년 동안 군부의 □□를 받음.

↓

미얀마 시민들은 독재 정치에 맞서 민주화 운동에 힘씀.

↓

2015년 선거에서 승리한 민주화 세력이 □□□□ 정부를 세우고자 함.

↓

미얀마 군부가 □□□를 일으킴.

↓

미얀마 시민들이 쿠데타에 항의하는 □□를 함.

한 문장 정리하기

미얀마는 오랜 시간 동안 군부의 독재 정치로 고통받았지만, _____

_____

주제 찾기

1 이 글의 주제로 알맞은 것은 무엇인가요? ( )

① 미얀마의 위대한 인물

② 미얀마의 자연환경

③ 미얀마에서 쿠데타를 성공시키기 위한 노력

④ 민주주의를 위해 독재 정치에 맞서는 미얀마 시민들

내용 이해

2 다음 중 이 글의 내용으로 바르지 <u>않은</u> 것은 무엇인가요? ( )

① 2021년 미얀마에서 일어난 사건은 뒤늦게 전 세계에 알려졌다.

② 미얀마는 오랜 기간 군부의 지배를 받았다.

③ 미얀마의 시민들은 2021년 쿠데타에 항의하는 시위를 열었다.

④ 미얀마의 민주화 세력은 2015년 민주주의 정부를 세우고자 하였다.

내용 추론

3 다음 글을 읽고, 빈 곳에 들어갈 알맞은 말을 쓰세요.

> '5·18민주화운동기념일'은 광주 민주화 운동을 기리기 위해 만들어진 날입니다. 광주 민주화 운동은 1980년 5월 광주와 전남 지역에서 시민들이 민주주의를 요구하며 일어났습니다. 군부가 나라의 권력을 잡으려고 하자, 이를 반대하여 시민들이 시위를 벌인 것입니다. 이 과정에서 시위에 참여했던 많은 사람들이 목숨을 잃거나 다쳤습니다.

 광주와 전남 지역의 시민들이 시위를 벌인 이유는 _____

_____

어휘 이해

1 낱말의 뜻을 읽고, 문장의 빈칸에 들어갈 낱말을 보기 에서 찾아 쓰세요.

보기   쿠   데   독   시   재   타   위

❶ 많은 사람이 민주주의를 요구하는 ☐☐ 에 참여하였다.

➡낱말의 뜻 많은 사람이 거리낌 없이 자신의 생각을 드러내며 모임이나 행진을 하는 일.

❷ 군부가 ☐☐☐ 를 일으켜 많은 사람이 희생되었다.

➡낱말의 뜻 군사의 힘으로 정치를 담당하는 권력을 빼앗는 일.

❸ 군부의 ☐☐ 정치는 끝났지만, 그들이 남긴 상처는 사라지지 않았다.

➡낱말의 뜻 소수가 권력을 독차지하여 중요한 일들을 마음대로 결정함.

어휘 적용

2 다음 글을 읽고, 빈칸에 공통으로 들어갈 낱말을 보기 에서 찾아 쓰세요.

보기
    갈망   경고   독점

• 미얀마에서 일어난 시위를 통해 민주화에 대한 시민들의 (   )을/를 느낄 수 있다.
• 우리 국가 대표 축구팀이 (   )하는 것은 바로 월드컵 우승이다.

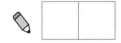

어휘 관계

3 다음 보기 의 두 낱말의 관계와 비슷한 것은 무엇인가요?   (   )

보기
    열망 – 갈망

① 자유 – 녹재   ② 참석 – 참여   ③ 공격수 – 수비수   ④ 국가 – 국민

65

4일차

융합

새똥을 차지하기 위한 전쟁

1문단 *위생 관념과 의학이 발달하면서 18세기 유럽의 인구는 *폭발적으로 늘어났습니다. 그러나 늘어난 인구에 비하여 식량 생산량은 터무니없이 부족했습니다. 사람들은 보다 많은 식량을 생산하기 위하여 논밭에 농작물을 빽빽하게 심었습니다. 그러자 식물이 자라는 데 필요한 땅속 영양분이 빠르게 *소모되어, 오히려 수확량이 점점 줄어들었습니다. 이에 사람들은 *대안을 찾다가 최고의 해결책을 발견했습니다. 바로 영양분이 가득한 새의 똥, 구아노를 사용하여 농사짓는 방법이었습니다.

2문단 구아노는 바닷새의 똥이 오랜 세월 쌓여 만들어진 것으로, 특히 페루 등 남아메리카의 여러 나라에서 오래전부터 천연 *비료로 사용되어 왔습니다. 식물의 성장에 꼭 필요한 영양분이 풍부했기 때문입니다. 구아노를 뿌린 땅에서 농작물의 생산량이 늘어나자, 식량 문제를 겪고 있던 유럽의 나라들은 비싼 값을 주고 구아노를 사기 시작하였습니다.

3문단 페루는 구아노 덕분에 큰 이익을 거둘 수 있었습니다. 그러자 이웃 나라 칠레는 페루가 구아노를 모두 차지하는 것을 반대했습니다. 결국 새똥이 많은 땅을 차지하기 위해 페루와 칠레 간의 전쟁이 일어나고 말았습니다. 많은 희생을 치르며 전쟁에서 승리한 칠레가 구아노를 캘 수 있는 권리와 땅을 모두 차지하였으나, 그 영광은 오래가지 않았습니다.

4문단 전쟁이 끝나고 불과 10년이 채 지나지 않은 1902년, 독일의 화학자 프리츠 하버가 인공 비료를 개발하는 데 성공했기 때문이었습니다. 공장에서 많은 양의 인공 비료가 만들어지기 시작하자 식량 문제는 점차 해결되었고, 최고의 천연 비료였던 구아노도 더 이상 필요하지 않게 되었습니다.

5문단 결국 구아노를 차지하기 위한 전쟁으로 수많은 희생과 피해를 입은 나라들은 경제도 크게 흔들렸습니다. 식량 문제가 해결되고 100년이 훨씬 지난 오늘날까지도 새똥 전쟁을 치렀던 나라 간의 갈등은 여전히 남아 있습니다.

➡ 낱말
풀이
위생 관념 건강에 이롭도록 깨끗한 상태를 유지하려는 생각.
폭발적 무엇이 갑작스럽게 일어나는 것.
소모되다 쓰여 없어지다.
대안 어떤 일에 대처할 방안.
비료 농사짓는 땅에 뿌리는 영양 물질.

새똥을 차지하기 위한 전쟁

문단별 핵심 내용

1문단 18세기 유럽의 식량 문제를 해결하기 위한 대안이 된 (   )

2문단 구아노를 비싼 (   )에 사기 시작한 유럽의 나라들

3문단 구아노를 차지하기 위해 일어난 페루와 칠레 간의 (   )

4문단 (   )의 개발로 더 이상 필요하지 않게 된 구아노

5문단 전쟁으로 인해 여전히 남아 있는 나라 간의 (   )

내용 간추리기

새똥 전쟁

새똥 전쟁의 원인

식량 문제를 겪고 있던 유럽의 나라들이 [ ][ ][ ]를 비싼 값에 사기 시작함.

새똥 전쟁의 과정

• 구아노가 많은 땅을 차지하기 위해 페루와 [ ][ ] 간의 전쟁이 일어남.

• 칠레가 전쟁에서 승리했으나, [ ][ ][ ][ ]의 등장으로 구아노는 더 이상 필요하지 않게 됨.

새똥 전쟁의 결과

수많은 희생과 피해로 인해 나라의 [ ][ ]가 나빠졌고, 전쟁을 치렀던 나라 간의 갈등은 여전히 남아 있음.

한 문장 정리하기

천연 비료 구아노를 차지하기 위해 두 나라가 전쟁을 일으켰지만, 인공 비료의 등장으로

_____

3주

주제 찾기

1 이 글을 학교 누리집에 소개할 때, 제목으로 가장 알맞은 것은 무엇인가요?　　　(　　　　)

① 인공 비료의 발명

② 남미의 천연 비료

③ 구아노에 포함된 영양분의 종류

④ 구아노를 둘러싼 두 나라의 갈등

내용 이해

2 다음 중 이 글의 내용으로 바르지 <u>않은</u> 것은 무엇인가요?　　　(　　　　)

① 구아노는 바닷새의 똥이 오랜 세월 쌓여서 만들어진 것이다.

② 페루와 칠레는 식량을 서로 차지하기 위해 전쟁을 일으켰다.

③ 많은 양의 인공 비료를 만들 수 있게 되면서 구아노가 필요 없어졌다.

④ 전쟁을 치른 나라 사이에 갈등이 여전히 남아 있다.

내용 적용

3 18세기 유럽 농민들의 대화입니다. 빈 곳에 들어갈 알맞은 말을 쓰세요.

> **농민 1:** 밀의 수확량이 해마다 줄어들고 있어요. 큰일입니다.
>
> **농민 2:** 그 땅에는 한 해 농사를 쉬어 보는 게 어때요? 땅속 영양분이 다시 생기려면 시간이 필요하지요.
>
> **농민 1:** 저도 그러고 싶지만, 우리 집에 식구가 11명입니다. 이러다 굶게 생겼어요. 밭에 밀을 빽빽하게 심으면 심을수록 결과가 더욱 좋지 않네요.
>
> **농민 3:** 양분이 부족한 땅에 뿌리는 최고의 비료를 아직 모른단 말이오?
>
> **농민 1:** 그게 무엇입니까?
>
> **농민 3:** 바로 저 남쪽 나라의 해변에서 얻을 수 있는 바닷새의 똥, ＿＿＿＿＿＿＿＿＿. 단, 구하기 어려워 가격이 좀 비싸다고 합니다.

＿＿＿＿＿＿＿＿＿＿＿＿＿＿＿＿＿＿＿

어휘 이해

1 낱말의 뜻을 읽고, 알맞은 낱말을 찾아 줄로 이으세요.

❶ 무엇이 갑작스럽게 일어나는 것. •

❷ 건강에 이롭도록 깨끗한 상태를 유지하려는 생각. •

❸ 어떤 일을 행하거나 타인에 대하여 당연히 요구할 수 있는 힘이나 자격. •

• ㉠ 권리

• ㉡ 폭발적

• ㉢ 위생 관념

3주

어휘 적용

2 다음 글을 읽고, 빈칸에 공통으로 들어갈 낱말을 보기 에서 찾아 쓰세요.

보기

차지   해결   발견

서로 이해하려는 태도와 양보 없이는 이번 일을 (   )하기 어려울 거야.

문제 (   )을/를 위한 아주 기발한 생각이 머릿속에 떠올랐어.

어휘 관계

3 밑줄 친 낱말과 뜻이 반대인 것은 무엇인가요?   (   )

페루는 구아노 덕분에 큰 이익을 거둘 수 있었습니다.

① 이득   ② 손해   ③ 도움   ④ 훼손

5일차 과학

갈등을 부르는 자원, 석유

과학 6-2

1문단 석유라고 하면 일반적으로 자동차에 쓰이는 연료를 떠올립니다. 하지만 석유는 우리 생활에서 훨씬 더 많은 곳에 쓰입니다. 자동차뿐 아니라 비행기, 선박 등을 움직이는 에너지로 쓰이고, 실내를 따뜻하게 하는 난방의 연료로 사용되기도 합니다. 이외에도 의약품, 페인트, 플라스틱과 같은 다양한 용품을 만드는 재료가 됩니다.

2문단 석유는 오래전 땅속에 묻힌 죽은 생물들에 의해 만들어진다고 알려져 있습니다. 아주 오랜 세월 동안 죽은 생물들이 겹겹이 쌓이고, 흙과 같은 *침전물이 그 위를 덮어 지층이 됩니다. 이때 지층의 누르는 힘으로 인해 죽은 생물들이 높은 열과 압력을 받으면서 석유나 천연가스 같은 화석 연료가 서서히 생겨나게 되는 것입니다. 과학자들은 석유를 만든 생물들의 정체가 대부분 바다에 살았던 식물성 플랑크톤일 가능성이 높다고 말합니다. 바닷속은 석유가 만들어지기 쉬운 환경이기 때문입니다.

3문단 그런데 석유는 만들어지는 데 수억 년이 걸립니다. 모든 땅에서 석유를 발견할 수 있는 것도 아닙니다. 즉, 석유를 구하기는 쉽지 않습니다. 그래서 세계 곳곳의 여러 나라에서 석유를 차지하기 위한 갈등을 겪고 있습니다. 석유가 많은 땅을 둘러싼 *영유권 갈등이 계속되고 있고, 특히 북극해와 아프리카에서는 석유가 묻힌 땅을 서로 자기의 땅이라 주장하는 나라들의 다툼도 벌어지고 있습니다.

4문단 석유는 매우 빠르게 *소진되고 있습니다. 석유를 필요로 하는 곳이 많기 때문입니다. 다가오는 미래에는 석유가 아예 *고갈될지도 모른다고 합니다. 이처럼 만들어지기까지 수억 년의 시간이 걸리는 *한정된 자원이자, 곧 고갈될 것으로 예상되는 자원이기에 여러 나라 사이에서 석유로 인한 갈등이 끊이지 않는 것이지요.

▲ 석유로 만드는 수많은 페트병

➡️ **낱말 풀이**
침전물 액체의 밑바닥에 가라앉은 물질.
영유권 일정한 영토에 대해 해당 국가가 통제하거나 지배할 수 있는 권리.
소진 점점 줄어들어 다 없어짐. 또는 다 써서 없앰.
고갈 어떤 일의 바탕이 되는 돈이나 물건, 재료 따위가 없어짐.
한정 수량이나 범위가 일정한 정도로 정해짐.

갈등을 부르는 자원, 석유

문단별 핵심 내용

1문단 우리 삶의 많은 곳에서 쓰이는 (　　　　　)

2문단 땅속에 묻힌 (　　　　　　　　　　　)들에 의해 서서히 만들어지는 석유

3문단 석유를 차지하기 위한 여러 나라 간의 (　　　　　)

4문단 미래에 (　　　　　)될지도 모르는 석유

Э주

내용 간추리기

석유로 인한 갈등이 일어나는 이유

① 우리 생활 속에서 많은 곳에 쓰임.

　예 자동차, 비행기, 선박 등을 움직이는 에너지

　예 [　　]의 연료

　예 의약품, 페인트 등 다양한 용품을 만드는 재료

② 만들어지기까지 수억 년이 걸림.

➡ 오랜 세월 동안 죽은 [　　]들이 겹겹이 쌓임.

➡ 흙과 같은 침전물이 그 위를 덮어 지층이 됨.

➡ 죽은 생물들이 지층의 높은 [　　]과 [　　]을 받아서 만들어짐.

③ 한정된 자원이자, 고갈될 것으로 예상되는 [　　]임.

한 문장 정리하기

_____

_____ 때문에 석유를 차지하기 위해 많은 나라가 서로 갈등하고 있다.

주제 찾기

1 이 글의 주제로 알맞은 것은 무엇인가요? ( )

① 석유가 만들어지는 과정
② 자원을 아껴 쓰는 방법
③ 화석 연료의 종류
④ 석유로 인한 끊임없는 갈등

내용 이해

2 다음 중 이 글을 뒷받침하는 자료로 알맞지 <u>않은</u> 것은 무엇인가요? ( )

① 석유를 활용해서 만든 물건들의 사진
② 석유가 유출되어 오염된 바닷가 사진
③ 석유가 만들어지는 과정을 나타낸 그림
④ 석유를 차지하기 위해 갈등하는 나라가 표시된 지도

내용 추론

3 다음 대화를 읽고, 빈 곳에 들어갈 알맞은 말을 쓰세요.

> **원규**: 수찬아, *재생 에너지라고 들어 봤어?
>
> **수찬**: 아니, 그게 뭐야?
>
> **원규**: 햇빛이나 바람, 파도의 힘처럼 고갈되지 않고 재생이 가능한 자원에서 얻는 에너지를 말해.
>
> **수찬**: 그런데 보통 석유로도 에너지를 만들 수 있잖아.
>
> **원규**: 석유는 언젠가는 다 없어지게 되는 자원이래. 그래서 대체할 새로운 자원이 필요한 거지.
>
> **수찬**: 그럼 많은 나라들이 석유를 차지하기 위해 갈등하는 일도 _____.
>
> *재생 다시 살아남.

_____

3주

어휘 이해

1 밑줄 친 낱말의 뜻으로 알맞은 것을 찾아 줄로 이으세요.

① 독도 영유권을 확실하게 하기 위해 10월 25일을 독도의 날로 정하였다. •

② 하루 종일 청소를 했더니 힘이 다 소진되었다. •

③ 오랜 가뭄으로 식수가 고갈되어 큰 어려움에 빠졌다. •

• ㉠ 어떤 일의 바탕이 되는 돈이나 물건, 재료 따위가 없어짐.

• ㉡ 일정한 영토에 대해 해당 국가가 통제하거나 지배할 수 있는 권리.

• ㉢ 점점 줄어들어 다 없어짐. 또는 다 써서 없앰.

어휘 적용

2 밑줄 친 낱말과 같은 뜻으로 쓰인 문장은 무엇인가요? ( )

> 석유는 우리 생활에서 훨씬 더 많은 곳에 쓰인다.

① 땅을 파는 데 쓰인 도구는 삽이다.
② 이번 사건에 대해 신문에는 뭐라고 쓰여 있니?
③ 머리가 커서 모자가 머리에 잘 쓰이지 않는다.
④ 저 배우의 얼굴에 쓰인 탈이 바로 하회탈이다.

어휘 관계

3 다음 보기 의 두 낱말의 관계와 비슷한 것은 무엇인가요? ( )

> **보기**
> 고갈 − 소진

① 상승 − 하강
② 한정 − 제한
③ 서적 − 서점
④ 자율 − 타율

칡과 등나무의 모습을 상상하여 만든 낱말, 갈등

'갈등'은 흔히 쓰이는 말입니다. '세대 간의 갈등', '무엇을 선택해야 할지 갈등이다'와 같은 말을 누구나 들어 보았을 것입니다.

갈등은 칡을 의미하는 '갈'과 등나무를 의미하는 '등'이 합쳐진 낱말입니다. 칡과 등나무가 왜 '개인이나 집단 사이에 목표나 이해관계가 달라 서로 적으로 여기거나 충돌함'이라는 뜻을 갖게 되었을까요?

갈등이 지금의 뜻으로 쓰이게 된 이유는 칡과 등나무의 모습 때문입니다. 칡과 등나무는 모두 줄기로 다른 식물을 감고 올라가는 덩굴 식물입니다. 그런데 두 식물이 나무를 타고 올라가는 방향이 서로 반대입니다. 만약 칡덩굴과 등나무가 같은 나무를 타고 올라가게 된다면 서로 방향이 달라 줄기가 복잡하게 얽혀 잘 자라지도 못할 것입니다.

그런데 실제로 칡과 등나무는 같은 지역에서 자라는 일이 별로 없습니다. 그러므로 '갈등'은 칡과 등나무가 하나의 나무를 감고 올라가는 모습을 상상하여 만든 낱말이라 할 수 있습니다. 존재하지 않는 모습을 상상하여 낱말을 만들었다는 점이 재미있지 않나요?

한 줄 퀴즈

Q. '갈등'은 어떤 두 식물이 나무를 감고 올라가는 모습을 상상하여 만든 낱말인가요?

✏️ ☐, ☐☐☐☐

생존

살아남기 위한 미술의 몸부림, 인상주의

1문단 예로부터 화가들은 대상을 어떻게 하면 똑같이 그릴 수 있을지를 고민해 왔습니다. 그러나 대상을 *정밀하게 표현할 수 있는 사진기가 발명되자 큰 충격에 빠졌습니다. 사람들은 화가의 붓놀림보다 빠르고 정확하며 값싸기까지 한 사진에 열광했습니다. 자연스레 초상화에 대한 관심이 크게 떨어지기 시작했습니다. 화가들은 사진기를 '악의 기계'라며 *증오했고, 화가 폴 들라로슈는 "오늘부터 *회화는 죽었다."라고 절망적으로 말하기도 했습니다.

2문단 화가들은 대상을 똑같이 묘사하는 것으로는 사진기를 당해 낼 도리가 없다는 것을 인정할 수밖에 없었습니다. 절망에 빠지는 대신 문제를 해결하려 팔소매를 걷어붙인 화가들이 생겨나기 시작했습니다. 이들은 사진이 할 수 없는, 그림만이 표현할 수 있는 *독창성을 찾고자 했고 이러한 고민에서 인상주의가 탄생했습니다.

3문단 인상주의는 19세기 후반에서 20세기 초 일어난 화가들의 움직임을 말합니다. 모네, 르누아르 등 인상주의 화가들은 빛이 비치는 순간의 색을 보고 느껴지는 *주관적인 '*인상'을 묘사하기 위해 노력했습니다. 사과는 빨간색, 나뭇잎은 초록색, 밤하늘은 검은색이라는 보통의 색으로 표현하지 않았고, 빛에 따라 변하는 색을 묘사하였습니다. 이들은 바깥으로 나가 날씨와 빛이 시시때때로 변하는 자연 속에서 그림을 그렸습니다. 또한 선을 짧게 여러 번 겹쳐 그리거나 물결이 이는 듯한 독특한 방법을 사용하기도 했습니다.

4문단 그림의 독창성을 찾기 위해 노력한 인상주의는 오늘날 현대 미술의 시작으로 인정받고 있습니다. 인상주의의 움직임으로부터 그림에 화가의 개성과 감정, 사람의 마음을 표현하고자 하는 고민들이 꼬리를 물고 이어졌고, 지금의 현대 미술로까지 이어졌습니다. 사진의 발명으로 미술계가 위기에 처했지만, 인상주의가 태어나면서 그림의 발전을 위한 다양한 시도로 이어지게 된 것입니다.

▲ 인상주의 화가 모네의 〈밀밭〉

➡ 낱말 풀이

정밀하다 아주 정교하고 치밀하여 빈틈이 없고 자세하다.
증오 아주 사무치게 미워함.
회화 여러 가지 선이나 색으로 그림을 그리는 미술.
독창성 다른 것을 따라 하지 않고, 새로운 것을 처음으로 만들어 내려는 성질.
주관적 자기의 의견이나 생각을 기본으로 하는 것.
인상 어떤 대상에 대하여 마음속에 새겨지는 느낌.

살아남기 위한 미술의 몸부림, 인상주의

문단별 핵심 내용

1문단 (   )의 발명으로 충격에 빠진 화가들

2문단 그림의 (   )을 찾기 위한 고민에서 탄생한 인상주의

3문단 빛이 비치는 순간의 색을 보고 느껴지는 주관적인 (   )을 담아낸 인상주의

4문단 현대 미술의 시작으로 인정받는 (   )

내용 간추리기

> 인상주의

발생한 시기 —— 19세기 후반에서 20세기 초

인상주의의 탄생 과정

┌─┬─┬─┐의 발명
└─┴─┴─┘

➡ ┌─┬─┬─┐에 대한 관심이 떨어짐.
   └─┴─┴─┘

➡ 그림만의 독창성을 찾고자 한 고민에서 탄생함.

인상주의의 특징

• □에 따라 변하는 색을 보고, 주관적인 인상을 묘사함.

• 바깥으로 나가 ┌─┬─┐ 속에서 그림을 그림.

• 독특한 방법을 사용하여 그림.

✏ 한 문장 정리하기

인상주의는 ＿＿＿＿＿＿＿＿＿＿＿＿＿＿＿＿＿＿＿＿＿＿＿

＿＿＿＿＿＿＿＿＿＿＿＿＿＿＿＿＿＿＿＿＿＿＿＿＿＿＿＿＿

4주

주제 찾기

1 이 글의 제목을 다시 붙인다고 할 때 가장 알맞은 것은 무엇인가요?　　　　　　（　　　）

① 사진기의 발명

② 충격에 빠진 화가들

③ 현대 미술의 시작으로 인정받는 인상주의

④ 자연 속에서 그림을 그린 인상주의 화가들

내용 이해

2 인상주의에 대한 설명으로 알맞지 <u>않은</u> 것은 무엇인가요?　　　　　　（　　　）

① 오늘날 현대 미술의 시작으로 인정받고 있다.

② 19세기 후반에서 20세기 초 일어난 화가들의 움직임이다.

③ 사진기가 발명되기 전부터 색의 주관적인 인상을 표현하고자 했다.

④ 그림만이 표현할 수 있는 독창성을 찾기 위해 노력했다.

내용 적용

3 다음 글을 읽고, 빈 곳에 들어갈 알맞은 말을 쓰세요.

> 　화장실 가는 시간도 미뤄 가며 그림을 그린 사람들이 있었습니다. 바로 인상주의 화가들입니다. 인상주의 화가들은 빛이 비치는 순간 색을 보고 느껴지는 주관적인 인상을 그리기 위해 노력했습니다. 그래서 이들은 빛이 바뀌기 전에 그림을 그리려고 애를 썼습니다. 그림을 그리다가 화장실에 가고 싶어도 그리려던 풍경의 빛과 색이 달라질까 봐 꾹 참을 정도였다고 하네요. 물감을 섞을 시간도 아까울 때에는 바로 도화지에 물감을 짜서 색칠하기도 했다고 합니다.

 인상주의 화가들이 빛이 바뀌기 전에 그림을 그리려던 이유는 ＿＿＿＿＿＿＿＿＿＿＿＿＿＿＿＿

＿＿＿

어휘력 완성하기

어휘 이해

1 다음 밑줄 친 낱말의 뜻으로 알맞은 것의 번호를 보기 에서 찾아 쓰세요.

보기

① **인상** : 사람 얼굴의 생김새. 또는 그 얼굴의 근육이나 눈살 따위.

② **인상** : 어떤 대상에 대하여 마음속에 새겨지는 느낌.

③ **인상** : 물건값, 봉급, 요금 따위를 올림.

1 동생은 용돈이 부족하다며 용돈을 <u>인상</u>해 달라고 요구했다. ( )

2 경주에 여행 갔을 때, 특히 석굴암이 <u>인상</u> 깊었다. ( )

3 이웃집 아저씨는 두통으로 늘 <u>인상</u>을 찡그리고 있다. ( )

4주

어휘 적용

2 밑줄 친 관용구의 뜻으로 알맞은 것을 찾아 줄로 이으세요.

1 일주일 간의 축구 경기가 <u>막을 내렸다</u>. •

• ㉠ 계속 이어지다.

2 <u>꼬리를 물고</u> 이어지는 동생의 거짓말에 어머니께서 화를 내셨다. •

• ㉡ 어떤 일에 뛰어들어 적극적으로 일할 태도를 갖추다.

3 이모는 이번에야말로 밭일을 끝내겠다며 <u>팔소매를 걷어붙였다</u>. •

• ㉢ 무대 공연, 행사나 일이 끝나다.

어휘 관계

3 밑줄 친 두 낱말의 관계와 비슷한 것은 무엇인가요? ( )

누군가를 <u>증오</u>하는 <u>감정</u>은 자신을 괴롭게 만든다.

① 화가 – 직업   ② 거절 – 승낙   ③ 발명 – 개발   ④ 시작 – 완료

2일차

한 청년의 목숨을 구한 전화 한 통

사회 5-2

1문단 지금은 누구나 쉽게 사용할 수 있는 전화. 하지만 처음부터 그랬던 것은 아닙니다. 우리나라 최초의 전화는 1896년 조선의 궁궐인 덕수궁에 설치되었습니다. 이 전화는 서울의 주요 기관과 인천에만 연결되었습니다. 그런데 서울과 인천을 잇는 우리나라 최초의 장거리 전화 한 통이 한 사람의 목숨을 살렸다고 합니다.

2문단 1896년 8월 26일, 인천에 있는 한 감옥에 전화벨이 울렸습니다. 전화는 조선의 국왕인 고종에게서 걸려온 것이었습니다. 고종은 한 청년의 사형 *집행을 멈추라고 전했습니다. 고종의 전화로 목숨을 구한 청년의 이름은 김창수, 바로 백범 김구였습니다.

3문단 백범 김구가 사형을 당할 위기에 처한 것은 일본인 장교를 죽였기 때문이었습니다. 1896년 3월, 황해도의 한 주막에서 밥을 먹던 김구는 조선 사람의 옷을 입고 칼을 찬 일본 사람을 보게 됩니다. 김구는 여러 가지 상황으로 미루어 보아 조선인으로 *위장한 그 일본인이 1895년 조선의 왕비인 명성 황후를 *시해한 사람 중 한 명일 것이라고 *확신했습니다. 김구는 결투 끝에 일본인을 죽이고 자신이 죽였다는 사실과 이름, 사는 곳을 밝힌 종이를 두고 그곳을 떠났습니다.

4문단 그해 6월 일본인들에게 체포된 김구는 인천의 한 감옥에 갇혀 사형을 당할 위기에 처했습니다. 그런데 고종이 그 소식을 듣고 김구가 갇힌 감옥으로 전화를 걸어 사형 집행을 막았던 것입니다. 서울과 인천을 잇는 전화가 설치된 지 불과 3일 밖에 지나지 않은 때의 일이었습니다. 전화로 목숨을 구한 후 독립 운동에 *매진한 김구는 *자서전인 『백범일지』에서 만약 그때까지 인천 감옥에 전화가 설치되지 않았더라면 자신은 사형을 당했을 것이라고 썼습니다. 우리나라 최초로 사용된 한 통의 장거리 전화가 대한민국의 역사를 바꾼 것입니다.

▲ 백범 김구

➡ **낱말풀이**
집행 계획이나 명령 등을 실제로 행하는 것.
위장 본래의 정체나 모습이 드러나지 않도록 거짓으로 꾸밈.
시해 대통령이나 임금 등 국가에서 가장 높은 지위에 있는 사람을 죽이는 것.
확신 굳게 믿음. 또는 그런 마음.
매진하다 어떤 일을 온 마음과 온 힘을 다하여 해 나가다.
자서전 자기가 쓴 자기의 일생에 관한 책.

한 청년의 목숨을 구한 전화 한 통

문단별 핵심 내용

1문단   한 사람의 목숨을 살린 우리나라 최초의 장거리 (   )

2문단   (   )의 전화로 목숨을 구한 백범 김구

3문단   (   )가 사형을 당할 위기에 처한 이유

4문단   대한민국의 (   )를 바꾼 우리나라 최초의 장거리 전화

4주

내용 간추리기

> 고종이 장거리 전화를 걸어
> [|]의 목숨을 구한 과정

1896년 3월	1896년 6월	1896년 8월 26일
명성 황후를 시해한 [| |] 장교를 김구가 죽임.	일본인에게 체포된 김구가 [|]을 당할 위기에 처함.	고종이 인천 감옥에 [|]를 걸어 사형 집행을 멈추게 함.

✏️ 한 문장 정리하기

고종은 _____

_____

_____

주제 찾기

1 이 글의 제목을 다시 붙인다고 할 때 가장 알맞은 것은 무엇인가요? ( )

① 김구를 살린 고종의 전화

② 김구의 남다른 애국심

③ 우리나라 최초의 전화 설치

④ 일본인들이 명성 황후를 죽인 까닭

내용 이해

2 다음 중 이 글의 내용으로 알맞은 것은 무엇인가요? ( )

① 우리나라 최초의 전화는 누구나 사용할 수 있있다.

② 김구는 일본인 장교를 죽여서 사형을 당할 위기에 처했다.

③ 고종은 인천 감옥에 전화를 걸어 일본인의 사형 집행을 재촉했다.

④ 고종은 이 사건 전에도 인천 감옥에 전화를 했었다.

내용 추론

3 다음 대화를 읽고, 빈 곳에 들어갈 알맞은 말을 쓰세요.

> **수빈**: 고종은 왜 전화를 걸어서 백범 김구의 사형 집행을 막았을까?
>
> **민호**: 만약 이전처럼 사람을 보내 *어명을 전달했다면 시간이 너무 오래 걸렸을 거야. 전화는 어명을 전달하는 것과 달리 시간이 많이 걸리지 않아서 즉시 사형 집행을 멈추라고 할 수 있었던 거지.
>
> **수빈**: 그렇네. 어명을 보냈다면 시간이 오래 걸려 _____.
>
> *어명 임금의 명령을 이르던 말.

_____

어휘력 완성하기

어휘 이해

1 밑줄 친 낱말의 뜻으로 알맞은 것을 찾아 줄로 이으세요.

① 법의 <u>집행</u>은 누구에게나 공정하게 이루어져야 한다. •

• ㉠ 사람의 신체에 대하여 행동의 자유를 빼앗는 일.

② 유관순 열사는 <u>체포</u>된 후에도 대한 독립에 대한 의지를 굽히지 않았다. •

• ㉡ 계획이나 명령 등을 실제로 행하는 것.

③ 서점에는 유명한 사람들이 쓴 <u>자서전</u>이 많았다. •

• ㉢ 자기가 쓴 자기의 일생에 관한 책.

4주

어휘 적용

2 다음 대화를 읽고, 빈칸에 들어갈 알맞은 낱말을 쓰세요.

> **아영**: 오빠, 명성 황후는 왜 '시해'당했다고 해?
> **선호**: '시해'는 대통령이나 임금처럼 나라에서 높은 지위에 있는 사람이 죽임을 당했을 때 쓰는 말이야.
> **아영**: 그럼 '살해'는?
> **선호**: 그건 사람을 해치어 죽인다는 뜻이야.
> **아영**: 아, 그렇구나. 그럼 왕이 죽임을 당하면 (   )당했다고 말할 수 있겠네.

어휘 관계

3 밑줄 친 낱말과 뜻이 비슷한 것은 무엇인가요?   (   )

> 일본인이 조선 사람으로 <u>위장</u>하였다.

① 연결   ② 변화   ③ 화장   ④ 변장

3일차

사회

해상 도시로 발돋움하는 부산

1문단 2021년 국제 환경 단체는 *기후 변화로 인해 *해수면이 높아지면서, 10년 뒤 바닷가에 닿아 있는 대부분의 영토가 바닷물에 잠길 것이라고 발표하였습니다. 그리고 그 안에는 부산의 해운대도 포함되어 있었습니다. 문제의 심각성을 깨달은 우리나라는 곧 유엔(UN)과 힘을 모아 부산을 물에 뜨는 해상 도시로 만들 계획을 세웠습니다.

2문단 부산의 해상 도시는 높은 파도나 태풍에도 견딜 수 있는 구조를 갖춘 도시로 만들어질 예정입니다. 바다에서 일어날 수 있는 여러 가지 자연재해에 대비하고, 사람들의 안전을 *보장하는 것이 가장 중요한 문제이기 때문입니다. 부산 해상 도시는 배의 형태로 지어져, 위험한 상황에서는 다른 곳으로 이동할 수도 있을 것으로 예상되고 있습니다.

3문단 또한 도시 안에서 모든 것을 해결하고, *자급자족할 수 있는 도시로 설계될 예정입니다. 사람들이 머무르는 공간인 주택은 물론, 학교, 병원, 쇼핑몰, 공원 등 사람들이 생활하는 데 필요한 시설과 함께 에너지를 생산하는 발전소까지 갖춘 해상 도시로 만들어질 예정이지요.

4문단 그리고 부산의 해상 도시에는 다양한 *친환경 기술이 포함된다고 합니다. 기후 변화가 환경 오염에서 비롯된 것인 만큼, 그에 대한 대책으로 만들어지는 해상 도시는 생태계의 오염을 줄이는 친환경 기술을 갖추게 될 예정이라고 합니다. 예를 들어, 음식물 쓰레기를 *퇴비나 에너지로 재활용하는 등 쓰레기를 도시 안에서 처리하는 기술을 갖추게 되는 것이지요.

5문단 앞으로 닥칠 기후 변화로 인해 생길 수 있는 문제에 대비하기 위해 새로운 해상 도시로의 모습을 꾀하는 부산의 계획처럼, 세계의 여러 나라들도 대안을 내놓고 있습니다. 미국이나 일본과 같은 나라에서는 거대한 인공 구조물을 건설해 이를 바다에 띄우는 기술을 개발하는 등 미래를 준비하고 있습니다.

➡️ 낱말
풀이

기후 변화 어떤 지역에서 오랜 기간에 걸쳐서 진행되는 비, 눈, 바람 등 기상의 변화.
해수면 바닷물의 가장 윗부분.
보장하다 어떤 일이 어려움 없이 이루어지도록 조건을 마련하여 보호하다.
자급자족 어떤 활동에 필요한 여러 가지 물건이나 재료를 스스로 만들어 채움.
친환경 자연환경을 오염하지 않고 자연 그대로의 환경과 잘 어울리는 일.
퇴비 풀, 짚 또는 가축의 배설물 따위를 썩힌 거름.

해상 도시로 발돋움하는 부산

문단별 핵심 내용

1문단 (   )를 만들 계획을 세운 부산

2문단 부산 해상 도시의 특징 ① 자연재해를 견딜 수 있는 구조를 갖춤.
                                  다른 곳으로 (   )할 수 있음.

3문단 부산 해상 도시의 특징 ② (   )할 수 있음.

4문단 부산 해상 도시의 특징 ③ (   ) 기술이 포함됨.

5문단 기후 변화로 생길 문제에 대비하는 세계 여러 나라

내용 간추리기

	의 해상 도시

건설 이유 — | | | 로 인해 해수면이 높아지면서 10년 뒤
부산이 바닷물에 잠기는 문제에 대비하기 위함.

특징 —
- 높은 파도와 | | 을 견딜 수 있는 구조
- | 의 형태로 만들어져 이동할 수 있음.
- 도시 안에서 모든 것을 해결할 수 있음.
- 친환경 | | 이 포함됨.

한 문장 정리하기

부산은 _____

_____

1 이 글의 주제로 알맞은 것은 무엇인가요? ( )

① 여러 나라에서 해상 도시를 만드는 까닭

② 세계 여러 나라 해상 도시의 특징

③ 기후 변화에 대비하여 해상 도시를 계획한 부산

④ 해상 도시 건설에 필요한 자원

2 다음 중 이 글의 내용으로 바르지 <u>않은</u> 것은 무엇인가요? ( )

① 부산의 해상 도시는 높은 파도와 태풍을 견딜 수 있을 것이다.

② 사람들은 해상 도시에서 모든 것을 해결할 것이다.

③ 부산의 해상 도시는 이동이 어려울 것이다.

④ 부산의 해상 도시에는 친환경 기술이 포함될 것이다.

3 다음 글을 읽고, 빈 곳에 들어갈 알맞은 말을 쓰세요.

> 몽골은 기후 변화로 인해 *사막화가 매우 빠르게 진행되고 있습니다. 몽골의 사막화 때문에 우리나라도 봄철에 황사가 더욱 심해지는 피해를 입고 있습니다. 이를 막기 위해 우리나라와 몽골은 '숲 조성 프로젝트'를 함께 진행하고 있습니다. 몽골의 초원에 나무를 심어 숲을 만드는 계획입니다.
>
> *사막화 땅이 사막으로 변해가는 현상.

 우리나라는 _____ 위해
몽골과 함께 숲 조성 프로젝트를 진행하고 있다.

어휘력 완성하기

어휘 이해

1 낱말의 뜻을 읽고, 문장의 빈칸에 들어갈 낱말을 보기 에서 찾아 쓰세요.

보기   친   퇴   보   환   비   경   장

❶ 어려움을 겪지 않도록 생활을 [   ][   ] 할 계획이다.

➡️**낱말의 뜻** 어떤 일이 어려움 없이 이루어지도록 조건을 마련하여 보호함.

❷ 한 기업에서 대기 오염을 줄이는 [   ][   ][   ] 자동차를 만들었다.

➡️**낱말의 뜻** 자연환경을 오염하지 않고 자연 그대로의 환경과 잘 어울리는 일.

❸ 음식물 쓰레기를 [   ][   ] 로 사용하는 움직임이 늘고 있다.

➡️**낱말의 뜻** 풀, 짚 또는 가축의 배설물 따위를 썩힌 거름.

어휘 적용

2 다음 글을 읽고, 빈칸에 공통으로 들어갈 낱말을 보기 에서 찾아 쓰세요.

보기

환경 보호   생활   자급자족   설계

• 옛날에는 필요한 물건을 스스로 만들거나 구하여 (   )하였다.
• 밭에서 채소를 기르니, 대부분의 먹을거리는 (   )이/가 가능하다.

✏️ [   ]

어휘 관계

3 다음 보기 의 두 낱말의 관계와 비슷한 것은 무엇인가요?   (   )

보기

포함 – 제외

① 대비 – 대처   ② 독립 – 의존   ③ 보호 – 보장   ④ 움직임 – 이동

공부한 날 _____ 월 _____ 일

가죽을 만들어 동물을 살린다?

과학 5-2

1문단　동물의 가죽은 촉감이 부드럽고 *내구성이 뛰어나서 오랫동안 옷, 가방, 신발 등을 만드는 재료로 사용되어 왔습니다. 또한 동물의 *모피를 이용한 제품은 무늬와 색이 아름다워 높은 인기를 누려 왔습니다. 그러나 가죽과 모피를 이용한 제품을 만드는 데에는 많은 동물의 희생이 따릅니다. 사람들은 어린 송아지나 악어, 뱀과 같은 수많은 동물들을 희생시켜 질 좋은 가죽을 얻어 왔습니다. 가죽과 모피 때문에 희생되는 동물은 매년 약 10억 마리에 달하는 것으로 *추정됩니다.

2문단　이에 사람들은 동물들을 보호하기 위한 대안을 찾아냈습니다. 동물을 사용하지 않는 비건 가죽을 개발해 낸 것입니다. 비건 가죽은 동물 가죽 못지않게 품질이 뛰어나고, 건강에 해롭거나 환경을 오염시키는 물질이 거의 포함되어 있지 않습니다.

3문단　비건 가죽은 여러 재료로 만들어 낼 수 있습니다. 버섯 가죽은 버섯 뿌리의 일부를 말린 다음, 특정 물질을 *첨가해 여러 번 건조하여 만듭니다. 파인애플 가죽은 파인애플을 수확한 뒤 버려지는 잎에서 섬유질을 골라내어 말리고, 솜털 같은 천으로 만든 후 *코팅하여 완성합니다. 선인장 가죽은 멕시코와 미국에서 자라는 노팔 선인장을 갈아서 햇빛에 말리고 인조 가죽의 재료를 *배합하여 만듭니다. 그밖에도 와인을 만들고 남은 포도 껍질과 씨앗들을 이용해 만든 포도 가죽도 있습니다.

4문단　비건 가죽은 첨단 기술을 바탕으로 품질을 높여 점차 많은 곳에서 사용되고 있습니다. 최근 한 전기 자동차 제조 회사에서는 자동차 시트를 파인애플 가죽으로 만들어 큰 관심을 끌었습니다. 우리나라 기업은 닥나무 껍질로 만든 한지에 면을 붙여서 만든 노트북 가방을 출시하기도 하였지요. 비건 가죽은 아직 대량으로 생산하는 것이 어려워 가격이 비쌉니다. 하지만 동물의 희생을 막고 다양한 재료에서 얻을 수 있는 만큼 비건 가죽에 대한 관심은 더욱 커지고 있습니다.

▲ 버섯 가죽으로 만든 물건들

➡ 낱말
　 풀이

내구성　물질이 원래의 상태에서 변하지 않고 오래 견디는 성질.

모피　털이 그대로 붙어 있는 짐승의 가죽.

추정　미루어 생각하여 판정함.

첨가　이미 있는 것에 덧붙이거나 보탬.

코팅　물체의 겉면을 비닐이나 플라스틱 등의 얇은 막으로 입히는 일.

배합　이것저것을 일정한 비율로 한데 섞어 합침.

가죽을 만들어 동물을 살린다?

문단별 핵심 내용

1문단 (　　　　　)과 모피 때문에 (　　　　　)되는 동물들

2문단 동물들을 (　　　　　)하기 위한 대안으로 개발된 비건 가죽

3문단 여러 (　　　　　)로 만들어 낼 수 있는 비건 가죽

4문단 비건 가죽에 대하여 높아지는 사람들의 관심

내용 간추리기

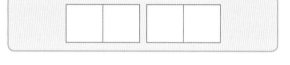

비건 가죽의
특징

- [　　][　　]을 희생시키지 않아도 됨.
- 여러 가지 재료로 만들어 낼 수 있음.
- [　　][　　]을 오염시키는 물질이 거의 포함되지 않음.
- 대량으로 생산하는 것이 어려워 가격이 비쌈.

비건 가죽의
종류와 재료

- [　　][　　] 가죽 : 버섯 뿌리
- 파인애플 가죽 : 파인애플 수확 뒤 버려지는 잎
- [　　][　　] 가죽 : 노팔 선인장
- 포도 가죽 : 포도 껍질과 씨앗

 한 문장 정리하기

비건 가죽은 _____

_____

주제 찾기

1 이 글의 주제로 알맞은 것은 무엇인가요? ( )

① 동물의 희생을 막는 비건 가죽

② 동물 가죽의 아름다움

③ 여러 가죽의 공통점과 차이점

④ 비건 가죽을 만드는 순서

내용 이해

2 이 글의 내용을 바르게 이해하지 <u>못한</u> 사람은 누구인가요? ( )

① 경준: 동물 가죽은 고기를 얻고 남은 가죽으로만 만들고 있어.

② 은희: 비건 가죽은 대량 생산이 어려워 가격이 비싼 편이야.

③ 민형: 비건 가죽은 환경 오염 물질이 거의 없어 환경 보호에 도움이 돼.

④ 정석: 파인애플 가죽으로 자동차 시트를 만들다니 정말 놀라워.

내용 추론

3 다음 글을 읽고, 빈 곳에 들어갈 알맞은 말을 쓰세요.

> 비건 패션은 식물만을 사용한다는 뜻의 '비건'과 특정한 시기에 유행하는 일정한 형식의 옷을 뜻하는 '패션'이 합쳐진 단어로, 동물의 가죽이나 모피를 사용하지 않고 식물 또는 *합성 소재를 사용하는 패션을 말합니다. 우리 회사는 _____ 위해 비건 가죽을 사용합니다. 동물을 학대하지 않는 착한 가죽, 우리 회사의 제품을 꼭 기억해 주세요!
>
> *합성 소재 두 가지 이상의 물질을 섞어 만들어 낸 재료.

_____

어휘 이해

1 밑줄 친 낱말의 뜻으로 알맞은 것을 찾아 줄로 이으세요.

① 특정 물질을 첨가해 여러 번 건조하여 만듭니다. •

② 파인애플 가죽은 수확 뒤 버려지는 잎을 사용합니다. •

③ 햇빛에 말리고 인조 가죽의 재료를 배합하여 만듭니다. •

• ㉠ 이것저것을 일정한 비율로 한데 섞어 합침.

• ㉡ 물기나 습기가 말라서 없어짐. 또는 물기나 습기를 말려서 없앰.

• ㉢ 익은 농작물을 거두어 들임.

4주

어휘 적용

2 밑줄 친 낱말과 같은 뜻으로 쓰인 문장은 무엇인가요? ( )

> 자동차 시트를 파인애플 가죽으로 만들어 큰 관심을 끌었습니다.

① 늙은 황소는 열심히 수레를 끌었습니다.
② 학생들 사이에서 반바지가 인기를 끌었습니다.
③ 나는 긴장한 나머지 자꾸 시간을 끌었습니다.
④ 출동한 구조대가 고장난 자동차를 끌었습니다.

어휘 관계

3 밑줄 친 낱말과 뜻이 비슷한 것은 무엇인가요? ( )

> 가죽 때문에 희생되는 동물은 매년 약 10억 마리에 달하는 것으로 추정됩니다.

① 관찰   ② 인정   ③ 기록   ④ 추측

5일차

과학

놀라운 생존의 비밀을 품은 곰벌레

1문단 지구에서는 약 6억 년 동안 다섯 번의 대멸종이 있었습니다. 대멸종은 지구에 사는 다수의 생물들이 멸종되는 것을 뜻합니다. 이러한 대멸종의 위기에서도 지금까지 살아남은 최강의 생명체는 바로 곰벌레입니다. 약 1mm 정도의 크기로 눈으로 보기 힘들 만큼 아주 작은 이 생명체는 곰처럼 느리게 걷는 모습 때문에 '곰벌레' 또는 '물곰'이라고 불립니다.

2문단 곰벌레는 보통 물속이나 습기가 많은 이끼류의 겉에 삽니다. 하지만 곰벌레는 다른 생물들이 살 수 없는 환경에서도 살아남는 것으로 알려져 있습니다. 높이 6,000m가 넘는 히말라야 산맥, 4,000m 깊이의 바닷속에서도 발견될 정도입니다. 심지어 끓는 물의 온도보다 더 높은 151℃에도, 영하 273℃의 온도에도 살아남는다고 합니다. 물이나 음식 없이도 수십 년을 견딜 수 있고, 물과 산소가 없는 우주에서도 열흘 넘게 버틸 수 있습니다.

3문단 최강의 *생존력을 가진 곰벌레의 생존 *비결은 유전자를 보호하는 특수한 단백질에 있습니다. 이 단백질은 곰벌레의 몸이 다치지 않도록 보호합니다. 또한 곰벌레의 *내성을 강하게 만들고, 무엇보다도 곰벌레가 '툰'이라는 상태로 버텨 낼 수 있도록 합니다. '툰'은 곰벌레가 살기 힘든 환경에 처했을 때, 곰벌레를 *휴면 상태로 만듭니다. 툰 상태의 곰벌레는 몸에서 필요로 하는 수분의 양을 1% 정도로 줄여, 스스로를 건조한 상태로 만들어 오래 살아남을 수 있습니다.

4문단 이러한 곰벌레의 특성을 활용한 각종 연구가 진행되고 있습니다. 곰벌레를 툰 상태로 만드는 유전자를 활용하여 가뭄에 대비하는 실험을 진행하고 있고, 곰벌레의 단백질을 자외선 차단제에 *주입하는 기술, 곰벌레 유전자로 *백신이나 혈액을 보존하는 연구 등이 진행되고 있습니다.

➡ **낱말 풀이**
생존력 죽지 않고 끝까지 살아남는 힘.
비결 세상에 알려져 있지 않은 자기만의 뛰어난 방법.
내성 환경 조건의 변화에 견딜 수 있는 생물의 성질.
휴면 동물이 겨울잠을 자듯 동식물이 생활 기능을 활발히 하지 않음.
주입 흘러 들어가도록 부어 넣음.
백신 전염병에 대한 면역을 길러 주기 위해 일부러 몸에 넣는 물질.

놀라운 생존의 비밀을 품은 곰벌레

문단별 핵심 내용

1문단 대멸종의 위기에서도 살아남은 (   )

2문단 다른 생물이 살 수 없는 (   )에서도 살아남는 곰벌레

3문단 곰벌레의 (   ) 비결

4문단 곰벌레의 특성을 활용한 (   )가 진행되고 있음.

내용 간추리기

곰벌레

곰벌레의
생존력

• 높은 산맥과 깊은 바닷속에서도 발견됨.

• 151℃, 영하 273℃의 [|]에도 살아남음.

• 물이나 음식 없이도 수십 년을 견딤.

• 물과 산소가 없는 [|]에서도 열흘 넘게 버팀.

곰벌레의
생존 비결

유전자를 보호하는
특수
[| |]

몸이 다치지 않도록 [|]함.

[|]을 강하게 만듦.

[   ]이라는 상태로 버텨 낼 수 있게 함.

한 문장 정리하기

곰벌레는 _____

_____

문해력 완성하기

정답과 해설 | 117쪽

주제 찾기

1 이 글의 주제로 알맞은 것은 무엇인가요? ( )

① 곰벌레의 생존 비결
② 곰벌레를 키우는 방법
③ 생물체의 특성을 활용한 연구
④ 곰벌레를 발견할 수 있는 다양한 장소들

내용 이해

2 곰벌레에 대해 바르게 말한 친구에게는 ○표, 틀리게 말한 친구에게는 X표 하세요.

경미	약 6억 년 동안 지구에서 살아온 생물이구나.	( )
수진	살기 힘든 환경에서 몸을 튠 상태로 바꾸는구나.	( )
선미	곰벌레는 히말라야 산맥이나 깊은 바닷속에서만 사는구나.	( )
정은	유전자를 보호하는 특수 단백질 덕분에 생존력이 높구나.	( )

내용 적용

3 다음 대화를 읽고, 빈 곳에 들어갈 알맞은 말을 쓰세요.

> **원일**: 호중아. 이번에 곰벌레가 1,600만 년 전 *호박에서 발견되었대.
>
> **호중**: 정말? 그때 살았던 생물이 멸종하지 않고 살아있다고?
>
> **원일**: 최근에는 곰벌레를 우주로 쏘아 보내서 우주에서도 살 수 있는지 실험하기도 하는걸?
>
> **호중**: 우아! 정말 최강의 생존력을 가졌구나. 비결이 뭘까?
>
> **원일**: 곰벌레는 위험에 처했을 때, 자신의 몸을 튠 상태로 만든대.
>
> **호중**: 튠 상태가 되면 어떻게 되는데?
>
> **원일**: 몸에서 필요로 하는 수분의 양을 1% 정도로 줄인다고 해.
>
> **호중**: 그래서 곰벌레가 _____.
>
> *호박 나무의 끈끈한 물질이 땅속에 묻혀서 여러 물질과 화합하여 만들어진 누런색 광물.

_____

4주

어휘 이해

1 밑줄 친 낱말의 뜻으로 알맞은 것을 찾아 줄로 이으세요.

① 건강의 비결은 균형 잡힌 식사와 규칙적인 생활 습관, 그리고 꾸준한 운동이다. ·

② 법은 성별이나 나이, 직업에 관계없이 누구에게나 공평하게 적용된다. ·

③ 항생제에 대한 병균의 내성이 점점 강해지고 있다. ·

· ㉠ 세상에 알려져 있지 않은 자기만의 뛰어난 방법.

· ㉡ 환경 조건의 변화에 견딜 수 있는 생물의 성질.

· ㉢ 알맞게 이용하거나 맞추어 씀.

어휘 적용

2 다음 글의 빈칸에 공통으로 들어갈 낱말은 무엇인가요? ( )

- 단순히 ( )된 지식은 오래 기억되지 않는다. 배운 것을 스스로 이해하여 자신의 것으로 만들어야 한다.
- 바람이 빠진 자전거 타이어에 공기를 ( )하자 다시 빵빵하게 부풀었다.

① 주입 ② 기억 ③ 제공 ④ 암기

어휘 관계

3 밑줄 친 낱말과 뜻이 반대인 것은 무엇인가요? ( )

우리나라의 해양 생물 자원을 잘 보존하고 관리해야 한다.

① 채집 ② 훼손 ③ 보호 ④ 관찰

우주에서 용변이 마려우면 어떻게 해야 하나요?

우주에는 중력이 거의 없어서 사람이나 물체가 공중에 둥둥 떠다닙니다. 우주에서 떠다니다 급히 화장실에 가고 싶으면 어떻게 해야 할까요? 우주 비행사들은 오줌이나 똥이라는 말을 사용하지 않습니다. 대신 액체 *폐기물과 고체 폐기물이라고 부릅니다. 그리고 이런 폐기물을 버릴 때 가장 중요한 것은 바로 '몸에서 멀리 떨어지게 하는 것'입니다.

사실 지구에서 용변을 배출할 때 문제가 없는 것은 중력 덕분입니다. 중력이 있어 우리 몸에서 나온 용변이 바로 몸 아래로 떨어지게 되는 것이지요. 하지만 우주에서도 그대로 했다가는 용변이 공중에 둥둥 떠다닐 수 있기 때문에 다른 방법이 필요합니다. 즉, 진공 상태로 빨아들이는 기술을 활용합니다. 진공 상태라는 것은 공기를 포함하여 어떤 물질도 존재하지 않는 공간을 말합니다. 우주에서는 우주 비행사의 몸에서 나온 폐기물을 진공 흡입기를 이용해 빨아들입니다. 이는 마치 청소기로 먼지를 빨아들이는 과정과 비슷합니다. 이러한 방법을 활용하여 폐기물이 우주에서 작은 조각들로 떠다니지 않도록 합니다.

*폐기물 못 쓰게 되어 버리는 물건.

Q. 우주에서 용변을 처리하는 기술과 가장 비슷한 가전제품은 무엇인가요?

① 세탁기　　　　② 냉장고　　　　③ 청소기　　　　④ 텔레비전

초등 문해력

한 문장 정리의 힘

예술 | 인문 | 사회 | 기술 | 융합 | 과학

정답과 해설

실전편 4권

초등 5~6학년

1일차

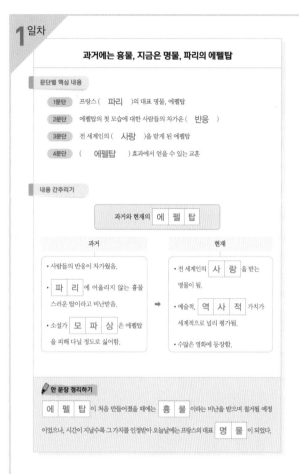

과거에는 흉물, 지금은 명물, 파리의 에펠탑

문단별 핵심 내용

- **1문단** 프랑스(파리)의 대표 명물, 에펠탑
- **2문단** 에펠탑의 첫 모습에 대한 사람들의 차가운(반응)
- **3문단** 전 세계인의(사랑)을 받게 된 에펠탑
- **4문단** (에펠탑) 효과에서 얻을 수 있는 교훈

내용 간추리기

과거와 현재의 **에 펠 탑**

과거		현재
• 사람들의 반응이 차가웠음.	→	• 전 세계인의 **사 랑** 을 받는 명물이 됨.
• **파 리** 에 어울리지 않는 흉물스러운 탑이라고 비난받음.		• 예술적, **역 사 적** 가치가 세계적으로 널리 평가됨.
• 소설가 **모 파 상** 은 에펠탑을 피해 다닐 정도로 싫어함.		• 수많은 영화에 등장함.

한 문장 정리하기

에 펠 탑 이 처음 만들어졌을 때에는 **흉 물** 이라는 비난을 받으며 철거될 예정이었으나, 시간이 지날수록 그 가치를 인정받아 오늘날에는 프랑스의 대표 **명 물** 이 되었다.

● 전체 핵심

이 글은 과거에는 흉물스러운 탑이라고 비난받았던 에펠탑이 현재는 세계적인 명물이 되었음을 설명하고 있습니다. 따라서 이 글의 전체 핵심은 '에펠탑'입니다.

● 전체 중심 문장

이 글의 전체 중심 문장은 4문단의 마지막 문장입니다. 1문단에서는 에펠탑을 소개하고, 2문단에서는 과거 에펠탑에 대한 사람들의 반응을, 3문단에서는 현재 전 세계인의 사랑을 받게 된 에펠탑의 모습을 설명하고 있습니다.

● 내용 간추리기

과거와 현재의 에펠탑에 대한 평가를 비교하여 정리한 표입니다. 에펠탑이 처음 세워졌을 때의 사람들의 반응은 2문단에서, 현재 에펠탑에 대한 평가는 1문단과 3문단에서 확인할 수 있습니다.

● 한 문장 정리하기

에펠탑에 대한 처음의 평가와 시간이 지남에 따라 변화된 평가를 파악하여 한 문장으로 정리할 수 있습니다. 빈칸에는 '에펠탑, 흉물, 명물'이 들어가야 합니다.

문해력 완성하기

정답

1 ③

2 ①

3 비난

도움말

1 이 글은 시간이 흐르면서 에펠탑에 잠재된 가치가 빛을 발하게 되었음을 설명하는 글이므로, 중심 내용은 ③입니다.

2 3문단의 첫 번째 문장에서 '당시 에펠탑은 20년간 전시 후 철거될 예정'이었다고 하였으나, 마지막 문장에서 라디오의 안테나로 쓸 수 있다는 사실이 발견되면서 철거되지 않았다고 하였으므로, ①은 알맞지 않은 설명입니다.

3 파리에 쇠로 만든 거대한 철탑이 들어서자 일부 예술가들이 비난하였다는 내용의 글입니다. 글의 내용과 본문 2문단의 내용을 바탕으로 빈칸에 들어갈 낱말이 '비난'이라는 것을 알 수 있습니다.

어휘력 완성하기

정답

1 ❶ 석조 ❷ 잠재 ❸ 비난

2 ②

3 ①

도움말

1 '돌로 물건을 만드는 일. 또는 돌로 만든 물건'의 뜻을 가진 낱말은 '석조', '겉으로 드러나지 않고 속에 잠겨 있거나 숨어 있음'이라는 뜻을 가진 낱말은 '잠재', '남의 잘못이나 결점을 나무라며 나쁘게 말함'이라는 뜻을 가진 낱말은 '비난'입니다.

2 세준이는 내년에 일어날 일에 대해 말하고 있으므로, '앞으로 일어날 일이나 해야 할 일을 미리 정하거나 생각함'이라는 뜻의 '예정'으로 바꾸어 써야 맞습니다. '인정'은 '확실히 그렇다고 여김'이라는 뜻을 가진 낱말입니다.

3 제시된 두 낱말은 서로 반대되는 관계입니다. ②, ③, ④은 모두 서로 비슷한 관계의 낱말로 이루어져 있습니다.

2일차

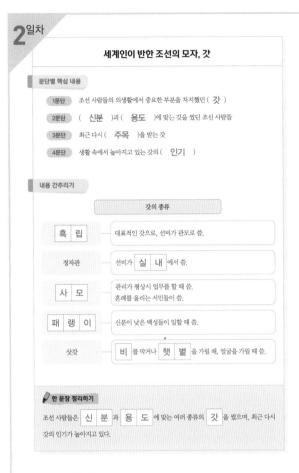

세계인이 반한 조선의 모자, 갓

문단별 핵심 내용

1문단 조선 사람들의 의생활에서 중요한 부분을 차지했던 (갓)

2문단 (신분)과 (용도)에 맞는 갓을 썼던 조선 사람들

3문단 최근 다시 (주목)을 받는 갓

4문단 생활 속에서 높아지고 있는 갓의 (인기)

내용 간추리기

갓의 종류

흑 립	대표적인 갓으로, 선비가 관모로 씀.
정자관	선비가 실 내 에서 씀.
사 모	관리가 평상시 업무를 할 때 씀. 혼례를 올리는 서민들이 씀.
패 랭 이	신분이 낮은 백성들이 일할 때 씀.
삿갓	비 를 막거나 햇 볕 을 가릴 때, 얼굴을 가릴 때 씀.

한 문장 정리하기

조선 사람들은 신 분 과 용 도 에 맞는 여러 종류의 갓 을 썼으며, 최근 다시 갓의 인기가 높아지고 있다.

● 전체 핵심

이 글은 조선 사람들의 의생활에서 중요한 부분을 차지했던 갓이 최근 드라마의 인기로 주목을 받는 현상에 대해 설명한 글입니다. 따라서 이 글의 전체 핵심은 설명의 대상이 되는 '갓'입니다.

● 전체 중심 문장

이 글의 전체 중심 문장은 1문단의 마지막 문장입니다. 1문단은 조선 사람의 의생활에서 중요한 부분을 차지했던 갓에 대해, 2문단은 갓의 종류와 용도에 대해, 3~4문단은 최근 높아진 갓의 인기에 대해 소개하는 내용으로 이루어져 있습니다.

● 내용 간추리기

조선 사람들이 쓰던 갓의 종류와 용도를 간추린 표입니다. 2문단에서 내용을 확인하여 정리할 수 있습니다.

● 한 문장 정리하기

조선 사람들은 신분과 용도에 맞는 여러 종류의 갓을 썼으며, 최근 드라마의 흥행에 힘입어 갓의 인기가 다시 높아지고 있다는 내용으로 정리할 수 있습니다. 빈칸에는 각각 '신분', '용도', '갓'이 들어가야 합니다.

문해력 완성하기

정답

1 ②

2 ❶ ⓒ ❷ ㉠

3 모자의 왕국

도움말

1 이 글은 외국인이 '모자의 왕국'이라고 부를 정도로 갓을 사랑하고 즐겨 썼던 조선 사람들에 대해 설명하고 있으므로, 제목으로 가장 알맞은 것은 ②입니다.

2 갓의 종류에 따른 생김새는 2문단에 설명되어 있습니다. 다섯 번째 문장에서 '정자관'은 3겹의 층까지 쌓아 올릴 수 있었다고 하였고, 아홉 번째 문장에서 '패랭이'는 흑립과 닮은 모양으로 대나무를 잘게 쪼개어 만들었다고 하였습니다.

3 조선 시대에 갓을 본 외국인들이 한 말은 1문단의 첫 번째 문장에서 확인할 수 있습니다.

어휘력 완성하기

정답

1 ❶ 이방인 ❷ 혼례 ❸ 흥행

2 ①

3 ④

도움말

1 '자기 나라가 아닌, 다른 나라 사람'이라는 뜻을 가진 낱말은 '이방인', '부부의 관계를 맺는 서약을 하는 의식'을 뜻하는 낱말은 '혼례', '공연, 상영 등이 상업적으로 성공하여 큰 이익을 얻는 것'이라는 뜻을 가진 낱말은 '흥행'입니다.

2 빈칸에 들어갈 알맞은 낱말은 '관심을 가지고 주의 깊게 살핌'을 뜻하는 '주목'입니다. '경계'는 '뜻밖의 사고가 생기지 않도록 조심하여 단속함'을 뜻하는 낱말입니다.

3 '서민'은 '벼슬이나 신분적으로 특별한 권리를 갖지 못한 일반 사람'을 뜻하므로, '백성'과 뜻이 가장 비슷합니다.

3일차

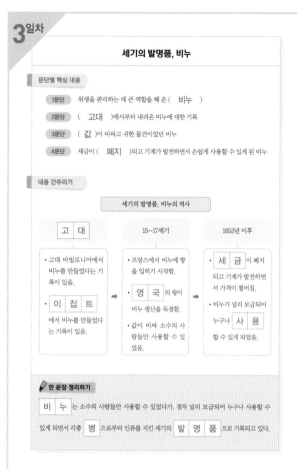

세기의 발명품, 비누

문단별 핵심 내용

1문단 위생을 관리하는 데 큰 역할을 해 온 (비누)

2문단 (고대)에서부터 내려온 비누에 대한 기록

3문단 (값)이 비싸고 귀한 물건이었던 비누

4문단 세금이 (폐지)되고 기계가 발전하면서 손쉽게 사용할 수 있게 된 비누

내용 간추리기

세기의 발명품, 비누의 역사

고 대	15~17세기	1853년 이후
• 고대 바빌로니아에서 비누를 만들었다는 기록이 있음. • 이 집 트 에서 비누를 만들었다는 기록이 있음.	• 프랑스에서 비누에 향을 입히기 시작함. • 영 국 의 왕이 비누 생산을 독점함. • 값이 비싸 소수의 사람들만 사용할 수 있었음.	• 세 금 이 폐지되고 기계가 발전하면서 가격이 떨어짐. • 비누가 널리 보급되어 누구나 사 용 할 수 있게 되었음.

한 문장 정리하기

비 누 는 소수의 사람들만 사용할 수 있었다가, 점차 널리 보급되어 누구나 사용할 수 있게 되면서 각종 병 으로부터 인류를 지킨 세기의 발 명 품 으로 기록되고 있다.

● **전체 핵심**

이 글은 고대부터 인류와 함께 해 온 비누의 역사와 비누가 우리의 삶에 미친 영향을 설명하고 있으므로, 이 글의 전체 핵심은 '비누'입니다.

● **전체 중심 문장**

이 글의 전체 중심 문장은 4문단의 마지막 문장입니다. 2~3문단에서는 비누의 역사를 설명하고 있고, 4문단에서는 비누의 보급이 인류에게 미친 긍정적 영향을 설명함으로써 중심 문장을 뒷받침하고 있습니다.

● **내용 간추리기**

비누의 역사를 시대별로 간추린 표입니다. 고대에 비누를 만들었다는 기록은 2문단에서, 15~17세기 비누에 대한 설명은 3문단에서, 1853년 이후의 비누에 대한 설명은 4문단에서 확인할 수 있습니다.

● **한 문장 정리하기**

비누는 처음에 소수의 사람들만 사용할 수 있는 값비싼 물건이었다가, 점차 널리 보급되어 누구나 사용할 수 있게 되면서 세기의 발명품으로 기록되었다는 것이 이 글의 주요 내용입니다.

문해력 완성하기

정답

1 ④

2 ②

3 사람들이 비누를 사용함으로써 각종 질병을 예방할 수 있었기 때문이다.

도움말

1 이 글은 고대부터 시작된 비누의 역사를 살펴보고 비누가 우리 삶에 미친 영향을 설명하고 있으므로, 주제로 알맞은 것은 '비누의 역사와 비누가 우리 삶에 미친 영향'입니다.

2 영국의 왕이 비누 생산을 독점하고 높은 세금을 매겨 비누의 값이 굉장히 비쌌다는 내용이 3문단에 나와 있으므로, ②은 바르지 않습니다.

3 의학자들과 역사학자들이 인류를 구한 물건으로 비누를 꼽은 이유는 제시된 글의 세 번째 문장을 토대로 '비누를 사용함으로써 각종 질병을 예방할 수 있었기 때문'임을 알 수 있습니다. 또한 본문의 4문단에서도 그 이유를 찾을 수 있습니다.

어휘력 완성하기

정답

1 ❶ ⓒ ❷ ⓛ ❸ ㉠

2 치명적

3 ①

도움말

1 '평가하거나 크기를 잴 때 사용하는 기준'을 뜻하는 낱말은 '척도', '실시하여 오던 제도나 법규, 일 따위를 그만두거나 없앰'을 뜻하는 낱말은 '폐지', '개인이나 하나의 단체가 다른 경쟁자 없이 이익을 독차지함'을 뜻하는 낱말은 '독점'입니다.

2 새로운 바이러스는 사람에게 매우 위험하고, 목숨을 앗아갈 정도로 위협적이라는 내용의 글이므로, 빈칸에 공통으로 들어갈 낱말은 '생명을 위협하는'을 뜻하는 '치명적'입니다.

3 〈보기〉의 '인류'와 '사람'은 서로 비슷한 관계의 낱말입니다. 따라서 ①이 답이며, ② '생산'과 '소비', ③ '독점'과 '공유'는 서로 반대되는 관계의 낱말입니다.

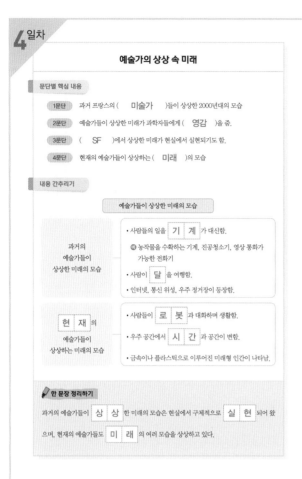

4일차

예술가의 상상 속 미래

문단별 핵심 내용

- **1문단** 과거 프랑스의 (미술가)들이 상상한 2000년대의 모습
- **2문단** 예술가들이 상상한 미래가 과학자들에게 (영감)을 줌.
- **3문단** (SF)에서 상상한 미래가 현실에서 실현되기도 함.
- **4문단** 현재의 예술가들이 상상하는 (미래)의 모습

내용 간추리기

예술가들이 상상한 미래의 모습

과거의 예술가들이 상상한 미래의 모습
- 사람들의 일을 기 계 가 대신함.
  - 예 농작물을 수확하는 기계, 진공청소기, 영상 통화가 가능한 전화기
- 사람이 달 을 여행함.
- 인터넷, 통신 위성, 우주 정거장이 등장함.

현 재 의 예술가들이 상상하는 미래의 모습
- 사람들이 로 봇 과 대화하며 생활함.
- 우주 공간에서 시 간 과 공간이 변함.
- 금속이나 플라스틱으로 이루어진 미래형 인간이 나타남.

한 문장 정리하기

과거의 예술가들이 상 상 한 미래의 모습은 현실에서 구체적으로 실 현 되어 왔으며, 현재의 예술가들도 미 래 의 여러 모습을 상상하고 있다.

● **전체 핵심**

이 글은 예술가들이 상상한 미래의 모습과 현실에서 실현된 사례에 대해 주로 설명하고 있습니다. 따라서 이 글의 전체 핵심은 '예술가들이 상상한 미래'입니다.

● **전체 중심 문장**

이 글의 전체 중심 문장은 예술가들이 상상한 미래가 과학자들에게 영감을 주었다는 내용의 2문단 첫 번째 문장입니다. 1문단은 과거의 예술가들이 상상한 2000년대의 모습, 2~3문단은 예술가들이 상상한 미래가 과학자들에게 영감을 주거나 현실에서 실현된 사례, 4문단은 현재의 예술가들이 상상하는 미래의 모습에 대하여 설명하고 있습니다.

● **내용 간추리기**

이 글의 핵심 내용인 예술가가 상상한 미래의 모습을 과거와 현재로 나누어 간추린 표입니다. 과거의 예술가들이 상상한 미래의 모습은 1문단과 3문단에서, 현재의 예술가들이 상상하는 미래의 모습은 4문단에서 찾을 수 있습니다.

● **한 문장 정리하기**

글의 전체 핵심과 중심 문장을 연결하여 한 문장으로 정리할 수 있습니다. 예술가들이 상상한 미래가 현실에서 실현되어 왔다는 내용을 파악하는 것이 핵심입니다.

문해력 완성하기

정답

1 ②

2 ②

3 상상

도움말

1 이 글은 예술가들의 상상 속 미래에 대해 설명하고 있으므로, 주제로 알맞은 것은 ②입니다.

2 4문단에서 현재의 예술가들이 상상하는 미래의 모습을 소개하고 있으므로, 수진의 말은 틀렸습니다. 또한 2~3문단을 통해 SF는 미래의 모습을 상상한 소설이라는 것을 알 수 있으므로 현정의 말도 틀렸습니다.

3 강휘의 말을 통해 작가가 소설 속에 등장시킨 잠수함은 경험하지 않은 것을 꾸며 내어 쓴 것임을 알 수 있습니다. 따라서 빈칸에는 '실제로 경험하지 않은 현상이나 사물에 대하여 마음속으로 그려 봄'을 뜻하는 낱말인 '상상'이 들어가야 합니다.

어휘력 완성하기

정답

1 ❶ 실현 ❷ 예술 ❸ 묘사

2 등장

3 ③

도움말

1 '꿈, 기대 따위를 실제로 이룸'을 뜻하는 낱말은 '실현', '아름답고 높은 위치에 이른 능숙한 기술을 비유적으로 이르는 말'을 뜻하는 낱말은 '예술', '어떤 대상이나 사물, 현상 따위를 언어로 표현하거나 그림을 그려서 표현함'을 뜻하는 낱말은 '묘사'입니다.

2 빈칸에 공통으로 들어갈 낱말은 '등장'으로, '연극, 영화, 소설 따위에 어떤 인물이 나타남'을 의미합니다.

3 '착륙'은 '비행기 따위가 공중에서 활주로나 판판한 곳에 내림'의 뜻으로, '비행기가 날기 위하여 땅에서 떠오름'을 뜻하는 '이륙'과 뜻이 반대되는 낱말입니다.

5일차

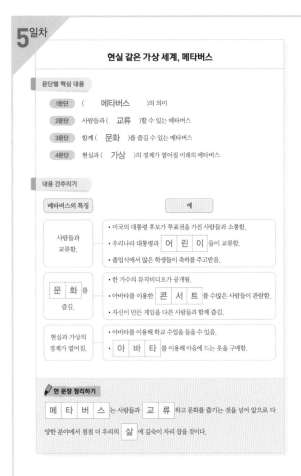

현실 같은 가상 세계, 메타버스

문단별 핵심 내용

1문단	(메타버스)의 의미
2문단	사람들과 (교류)할 수 있는 메타버스
3문단	함께 (문화)를 즐길 수 있는 메타버스
4문단	현실과 (가상)의 경계가 옅어질 미래의 메타버스

내용 간추리기

메타버스의 특징	예
사람들과 교류함.	• 미국의 대통령 후보가 투표권을 가진 사람들과 소통함. • 우리나라 대통령과 어린이들이 교류함. • 졸업식에서 많은 학생들이 축하를 주고받음.
문화를 즐김.	• 한 가수의 뮤직비디오가 공개됨. • 아바타를 이용한 콘서트를 수많은 사람들이 관람함. • 자신이 만든 게임을 다른 사람들과 함께 즐김.
현실과 가상의 경계가 옅어짐.	• 아바타를 이용해 학교 수업을 들을 수 있음. • 아바타를 이용해 마음에 드는 옷을 구매함.

🖊️ **한 문장 정리하기**

메타버스는 사람들과 교류하고 문화를 즐기는 것을 넘어 앞으로 다양한 분야에서 점점 더 우리의 삶에 깊숙이 자리 잡을 것이다.

● 전체 핵심
이 글은 메타버스의 의미와 특징에 대해 설명하고 있으므로, 전체 핵심은 '메타버스'입니다.

● 전체 중심 문장
보통 제목과 연관된 내용이 담긴 문장이 글의 전체 중심 문장입니다. 이 글의 전체 중심 문장은 현실 같은 가상 세계인 메타버스가 앞으로 다양한 분야에서 자리 잡을 것이라는 내용의 4문단 마지막 문장입니다. 1문단은 메타버스의 뜻을, 2~3문단은 메타버스의 특징을 설명하는 내용으로 중심 문장을 뒷받침하고 있습니다.

● 내용 간추리기
메타버스의 특징과 관련된 예를 정리한 표입니다. 2문단에서 메타버스를 통해 사람들과 교류하는 모습을, 3문단에서 메타버스를 통해 문화를 즐기는 모습을, 4문단에서 현실과 가상의 경계가 옅어질 미래의 메타버스의 모습을 확인하여 간추릴 수 있습니다.

● 한 문장 정리하기
메타버스의 특징과 미래를 한 문장으로 정리할 수 있습니다. 빈칸에는 각각 '메타버스', '교류', '삶'이 들어가야 합니다.

문해력 완성하기

정답

1 ③

2 ①

3 점점 옅어질 거예요.

도움말

1 이 글은 메타버스의 특징과 미래에 대한 설명문이므로, 이 글의 주제로 알맞은 것은 '메타버스의 현재와 미래'입니다.

2 1문단의 네 번째 문장에서 메타버스의 인기는 점점 높아지고 있다고 하였으므로, 은화의 말은 옳지 않습니다.

3 두 사람의 대화와 4문단의 내용을 바탕으로, 앞으로 다가올 미래에는 현실과 가상의 경계가 옅어질 것임을 파악할 수 있습니다.

어휘력 완성하기

정답

1 ❶ 초청 ❷ 관람 ❸ 교류

2 ①

3 ④

도움말

1 '사람을 청하여 부름'을 뜻하는 낱말은 '초청', '연극, 영화, 운동 경기, 미술품 따위를 구경함'을 뜻하는 낱말은 '관람', '문화나 구체적인 생각 따위를 서로 통하게 함'을 뜻하는 낱말은 '교류'입니다.

2 제시된 두 문장은 실제가 아닌 것을 실제로 생각하는 상황에 대해 말하고 있습니다. 따라서 빈칸에는 '사실이 아니거나 사실 여부가 분명하지 않은 것을 사실이라고 가정하여 생각함'을 뜻하는 '가상'이 들어가는 것이 알맞습니다. '가정'은 '사실이 아니거나 사실인지 아닌지 분명하지 않은 것을 임시로 인정함'을 뜻하고, '예고'는 '미리 알림'을 뜻합니다.

3 '인정'은 '확실히 그렇다고 여김'이라는 뜻을 가진 낱말입니다. 따라서 '너그러운 마음으로 남의 말이나 행동을 받아들임'이라는 뜻의 '용납'과 비슷합니다. '조정'은 '다툼을 중간에서 화해하게 하거나 서로 의견을 맞춤'을 뜻하는 낱말입니다.

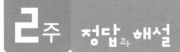

1일차

편견을 바로잡으며 변화하는 픽토그램

문단별 핵심 내용

1문단 (　픽토그램　)의 의미

2문단 사회의 (　문화　)나 생활 습성을 토대로 만들어진 픽토그램

3문단 (　장애인　) 픽토그램을 변경한 뉴욕

4문단 (　보호자　)의 성별이 드러나지 않는 픽토그램으로 변경한 우리나라

내용 간추리기

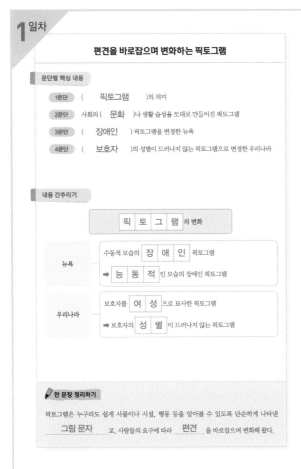

픽 토 그 램 의 변화	
뉴욕	수동적 모습의 장 애 인 픽토그램 ➡ 능 동 적 인 모습의 장애인 픽토그램
우리나라	보호자를 여 성 으로 묘사한 픽토그램 ➡ 보호자의 성 별 이 드러나지 않는 픽토그램

✏️ 한 문장 정리하기

픽토그램은 누구라도 쉽게 사물이나 시설, 행동 등을 알아볼 수 있도록 단순하게 나타낸 그림 문자 로, 사람들의 요구에 따라 편견 을 바로잡으며 변화해 왔다.

● **전체 핵심**
이 글은 픽토그램의 의미와 변화에 대해 설명하고 있습니다. 따라서 이 글의 전체 핵심은 '픽토그램'입니다.

● **전체 중심 문장**
이 글의 전체 중심 문장은 2문단의 마지막 문장입니다. 1문단에서는 픽토그램의 의미를, 2문단에서는 픽토그램이 만들어지는 과정을, 3~4문단에서는 변화된 픽토그램을 예를 들어 설명하며 중심 문장을 뒷받침하고 있습니다.

● **내용 간추리기**
뉴욕과 우리나라의 픽토그램 변화 사례를 간추린 표입니다. 뉴욕의 픽토그램이 변화한 예는 3문단에서, 우리나라의 픽토그램이 변화한 예는 4문단에서 찾아 정리할 수 있습니다.

● **한 문장 정리하기**
이 글의 주요 내용인 픽토그램의 의미와 변화를 한 문장으로 정리할 수 있습니다. 빈 곳에는 각각 '그림 문자', '편견'이 들어가야 합니다.

문해력 완성하기

정답

1 ③

2 ③

3 픽토그램

도움말

1 이 글은 픽토그램의 의미를 설명하고, 픽토그램이 편견을 바로잡으며 변화하여 왔다는 내용을 다루고 있습니다. 따라서 이 글의 주제는 '픽토그램의 의미와 변화'입니다.

2 4문단에서 우리나라에서는 보호자를 여성으로 묘사한 픽토그램에서 성별이 드러나지 않는 픽토그램으로 변경되었다고 설명하였습니다. 따라서 ③의 설명은 옳지 않습니다.

3 제시된 글은 백화점 화재 이후 표지판에 쓰인 한자를 사람들이 한눈에 알아볼 수 있는 픽토그램으로 바꾸었다는 내용입니다. 따라서 빈칸에 들어갈 알맞은 낱말은 '픽토그램'입니다.

어휘력 완성하기

정답

1 ❶ 지지 ❷ 능동적 ❸ 비상구

2 ①

3 ④

도움말

1 '어떤 사람이나 단체의 의견 등에 뜻을 같이하고, 이를 위하여 힘을 씀'을 뜻하는 낱말은 '지지', '다른 것에 이끌리지 아니하고 스스로 일으키거나 움직이는 것'을 뜻하는 낱말은 '능동적', '화재나 지진 따위의 갑작스러운 사고가 일어날 때에 급히 대피할 수 있도록 특별히 마련한 출입구'를 뜻하는 낱말은 '비상구'입니다.

2 ①의 '습도'는 '공기에 수증기가 들어 있는 정도'를 뜻하는 낱말로 문장에서의 쓰임이 적절하지 않습니다. '습관이 되어 버린 성질'이라는 뜻의 '습성'이 쓰여야 합니다.

3 '수동적'은 '스스로 움직이지 않고 다른 것의 영향을 받아 움직이는 것'이라는 뜻을 가진 낱말로, 그와 반대되는 낱말은 '다른 것에 이끌리지 아니하고 스스로 일으키거나 움직이는 것'을 뜻하는 '능동적'입니다.

2일차

캐서린 스위처, 편견을 부수다

문단별 핵심 내용

1문단	남성들만 참가할 수 있었던 올림픽 종목, (마라톤)
2문단	보스턴 마라톤 최초의 공식 여성 참가자, (캐서린 스위처)
3문단	방해를 뚫고 마라톤 (완주)에 성공한 캐서린 스위처
4문단	캐서린을 통해 깨진 (여성)의 마라톤 출전에 대한 편견

내용 간추리기

마라톤 여성 부문이 생겨난 과정

1967년 이전	1967년 보스턴 마라톤
남 성 들만 마라톤에 참가할 수 있었음.	캐서린 스위처가 여 성 임을 당당하게 드러내고 공식 참가함.

1971년 뉴욕 마라톤	1984년 LA 올림픽
세계 최 초 로 여성 참가가 허용됨.	여자 마라톤이 올림픽 정 식 종목으로 채택됨.

한 문장 정리하기

여성 최초의 마라톤 공식 참가자 캐서린 스위처로 인해 여자는 마라톤에 참가할 수 없다 는 편견이 깨지게 되었다.

● **전체 핵심**

이 글은 마라톤에 여성이 참가할 수 없다는 편견을 깨뜨린 캐서린 스위처의 업적에 대해 설명하고 있습니다. 따라서 이 글의 전체 핵심은 '캐서린 스위처'입니다.

● **전체 중심 문장**

이 글의 전체 중심 문장은 4문단의 마지막 문장입니다. 1문단에서는 여성은 참가할 수 없었던 과거의 마라톤에 대해서, 2~4문단에서는 편견을 깨고 마라톤에 공식 출전하여 마라톤 여성 부문이 생기는 계기를 마련한 캐서린 스위처의 업적에 대해서 설명하며 중심 문장을 뒷받침하고 있습니다.

● **내용 간추리기**

마라톤 여성 부문이 생겨난 과정을 시기별로 간추려 정리한 표입니다. 빈칸에는 순서대로 '남성', '여성', '최초', '정식'이 들어가야 합니다.

● **한 문장 정리하기**

캐서린 스위처로 인해, 여성은 마라톤에 참가할 수 없다는 편견이 깨졌음을 이해하고 관련된 내용을 한 문장으로 정리할 수 있습니다.

문해력 완성하기

정답

1 ③

2 ②

3 훨씬 나중에 이루어졌을지도 모른다. (지금까지도 불가능했을지 모른다.)

도움말

1 이 글은 캐서린 스위처가 사람들의 편견에 맞서 보스턴 마라톤 대회에 출전하여, 여성들도 마라톤에 참여할 수 있도록 계기를 마련한 과정에 대해 설명한 글입니다.

2 2문단의 세 번째 문장에서 보스턴 마라톤 대회의 참가 신청서에는 성별을 적는 칸이 없었다고 했습니다.

3 캐서린 스위처가 여자는 마라톤에 참여할 수 없다는 편견을 깨기 위해 달리지 않았다면 여성의 마라톤 참여는 훨씬 후에나 이루어졌을지도 모른다는 내용을 추론할 수 있습니다. 빈 곳에는 '어려웠을 것이다', '힘들었을 것이다' 등의 내용이 들어가면 됩니다.

어휘력 완성하기

정답

1 ❶ ㉡ ❷ ㉢ ❸ ㉠

2 종목

3 ①

도움말

1 ❶ 다리에 쥐가 나서 마라톤 결승 지점까지 달리기를 포기하였다는 의미의 문장이므로, '완주'의 뜻은 '목표한 지점까지 다 달림'으로 이해할 수 있습니다. ❷ 새로 설비를 한 병원이라 진료실이 깨끗하다는 의미의 문장이므로, '신설'의 뜻은 '새로 설치하거나 필요한 것을 갖춤'으로 이해할 수 있습니다. ❸ 올림픽 경기에 나가기 위해서는 많은 준비가 필요하다는 의미의 문장이므로, '출전'의 뜻은 '시합이나 경기 따위에 나감'으로 이해할 수 있습니다.

2 빈칸에는 '여러 가지 종류에 따라 나눈 항목'을 뜻하는 '종목'이 들어가야 합니다.

3 대개 낱말 앞에 '비–'나 '반–'이 붙으면 뜻이 반대인 낱말이 됩니다. '국가 또는 사회에서 인정된 방식'을 뜻하는 '공식'과 뜻이 반대인 낱말은 '비공식'입니다.

3일차

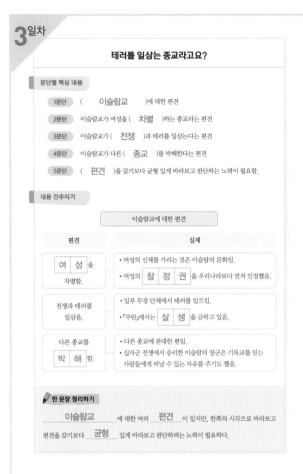

● 전체 핵심

이 글은 이슬람교에 대한 편견을 알아보고 이슬람교를 제대로 이해하도록 노력해야 한다는 내용을 담은 논설문입니다. 따라서 이 글의 전체 핵심은 '이슬람교'입니다.

● 전체 중심 문장

이 글의 전체 중심 문장은 5문단의 마지막 문장입니다. 이슬람교에 대해 한쪽의 시각에서 편견을 갖기보다 균형 있게 바라보고 판단하려는 노력이 필요하다고 주장하고 있습니다. 2~4문단은 이슬람교에 대한 편견을 바로잡는 내용으로 이루어져, 전체 중심 문장을 뒷받침하고 있습니다.

● 내용 간추리기

이슬람교에 대해 사람들이 갖는 편견과 실제를 정리한 표입니다. 여성을 차별하는 종교라는 편견에 대한 내용은 2문단에서, 전쟁과 테러를 일으키는 종교라는 편견에 대한 내용은 3문단에서, 다른 종교를 박해하는 종교라는 편견에 대한 내용은 4문단에서 확인하여 정리할 수 있습니다.

● 한 문장 정리하기

이 글에서 글쓴이가 말하고자 하는 바는 이슬람교를 한쪽의 시각에서만 바라보고 편견을 갖기보다, 균형 있게 바라보고 판단해야 한다는 것임을 파악하여 내용을 정리할 수 있습니다.

문해력 완성하기

정답

1 ②

2 ④

3 편견을 가지면 안 돼.(놀리거나 비난하면 안 돼.)

도움말

1 이 글은 이슬람교에 대해 사람들이 갖는 생각들이 잘못된 편견일 수 있다는 점을 지적하고 있으므로, 이 글의 주제는 '이슬람교에 대한 편견'입니다.

2 4문단의 내용을 살펴보면 십자군 전쟁에서 승리한 이슬람의 장군은 기독교인들에게 떠날 수 있는 자유를 주었다고 하였으므로, ④은 바른 내용이 아닙니다.

3 제시된 글에서는 종교적, 문화적 차이로 인해 어려움을 겪는 초등학생의 예를 들며, 서로의 차이를 존중하고 이해하는 자세가 필요하다고 강조하고 있습니다. 빈곳에는 편견을 가지면 안 된다는 내용이나 놀리거나 비난해서는 안 된다는 내용이 들어가야 합니다.

어휘력 완성하기

정답

1 ❶ ⓒ ❷ ⓛ ❸ ㉠

2 박해

3 ②

도움말

1 '못살게 굴어서 해롭게 함'을 뜻하는 낱말은 '박해', '사람이나 짐승 따위의 생물을 죽임'을 뜻하는 낱말은 '살생', '국민이 나라의 정치에 직접 또는 간접으로 참여하는 권리'를 뜻하는 낱말은 '참정권'입니다.

2 '박해'는 '못살게 굴어서 해롭게 함'을 뜻하는 낱말로, 독립군이나 조선 후기 천주교의 상황을 보았을 때 '박해'가 빈칸에 공통으로 들어가기에 적절합니다.

3 '억압'과 '탄압'은 서로 비슷한 관계의 낱말입니다. '그릇되게 해석하거나 뜻을 잘못 앎'을 뜻하는 '오해'와 '사실을 옳지 아니하게 해석함'을 뜻하는 '곡해'도 서로 비슷한 관계의 낱말입니다. 나머지는 서로 반대되는 관계의 낱말들로 이루어져 있습니다.

4일차

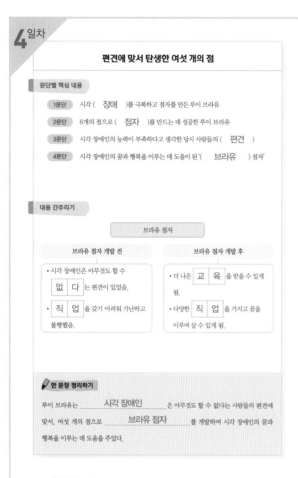

편견에 맞서 탄생한 여섯 개의 점

문단별 핵심 내용

1문단 시각 (장애)를 극복하고 점자를 만든 루이 브라유

2문단 6개의 점으로 (점자)를 만드는 데 성공한 루이 브라유

3문단 시각 장애인의 능력이 부족하다고 생각한 당시 사람들의 (편견)

4문단 시각 장애인의 꿈과 행복을 이루는 데 도움이 된 '(브라유) 점자'

내용 간추리기

브라유 점자

브라유 점자 개발 전	브라유 점자 개발 후
• 시각 장애인은 아무것도 할 수 없 다 는 편견이 있었음.	• 더 나은 교 육 을 받을 수 있게 됨.
• 직 업 을 갖기 어려워 가난하고 불행했음.	• 다양한 직 업 을 가지고 꿈을 이루며 살 수 있게 됨.

한 문장 정리하기

루이 브라유는 ___시각 장애인___ 은 아무것도 할 수 없다는 사람들의 편견에 맞서, 여섯 개의 점으로 ___브라유 점자___ 를 개발하여 시각 장애인의 꿈과 행복을 이루는 데 도움을 주었다.

● **전체 핵심**

이 글은 브라유 점자가 만들어지게 된 과정을 설명하고 있으므로, 이 글의 전체 핵심은 '브라유 점자'입니다.

● **전체 중심 문장**

이 글의 전체 중심 문장은 4문단의 마지막 문장입니다. 1문단에서는 점자를 만든 루이 브라유에 대해 소개하고, 2문단에서는 브라유 점자가 만들어진 과정을 설명하는 문장들로 이루어져 있습니다. 3~4문단에서는 브라유 점자 개발 후 깨진 편견에 대해 말하고 있습니다.

● **내용 간추리기**

브라유 점자 개발 전 시각 장애인들에 대한 편견과 개발 후 달라진 환경에 대해 정리한 표입니다. 2~3문단에서 브라유 점자가 개발되기 전과 후의 일을 설명하고 있습니다.

● **한 문장 정리하기**

각 문단의 핵심 내용을 연결하여 한 문장으로 정리할 수 있습니다. 루이 브라유가 편견에 맞서 브라유 점자를 개발하고, 시각 장애인의 꿈과 행복을 이루게 해 주었다는 내용을 파악하여 정리합니다.

문해력 완성하기

정답

1 ④

2 ○, ○, ×, ×

3 점자

도움말

1 이 글은 브라유 점자가 만들어지게 된 과정을 설명하고 있습니다. 글쓴이가 말하고자 하는 중심 내용으로 알맞은 것은 '편견을 극복하고 점자를 만든 루이 브라유의 노력'입니다.

2 점자를 이용하여 시각 장애인도 책을 읽고 교육을 받을 수 있게 되었다고 하였으므로, 윤진의 말은 옳지 않습니다. 또한 루이 브라유가 보다 편리하게 사용할 수 있는 점자의 필요성을 느끼고 이를 직접 개발한 과정이 설명되어 있으므로 민재의 말도 옳지 않습니다.

3 루이 브라유와 선생님의 대화를 통해 빈칸에 들어갈 낱말은 '점자'라는 것을 유추할 수 있습니다.

어휘력 완성하기

정답

1 ❶ ㉠ ❷ ㉢ ❸ ㉡

2 ①

3 ④

도움말

1 ❶ 전염병의 위험을 이겨 내야 한다는 의미의 문장이므로, '극복'의 뜻은 ㉠입니다. ❷ 세계 최고 기록을 세우는 일에 맞선다는 의미의 문장이므로, '도전'의 뜻은 ㉢입니다. ❸ 피부색에 대한 공정하지 못한 생각이 상처를 줄 수 있다는 의미의 문장이므로, '편견'의 뜻은 ㉡입니다.

2 '맞서'의 기본형 '맞서다'는 '서로 마주 서다'와 '어떤 상황에 부닥치거나 마주하다'의 뜻을 가진 다의어입니다. 제시된 문장과 ①은 두 번째 의미로 쓰였으며, ②, ③, ④에서는 첫 번째 의미로 쓰였습니다.

3 '불행한'의 기본형 '불행하다'는 '행복하지 아니하다'라는 뜻으로, '살림이나 처지가 딱하고 어렵다'는 뜻의 '불우하다'와 비슷한 의미를 가지고 있습니다.

5일차

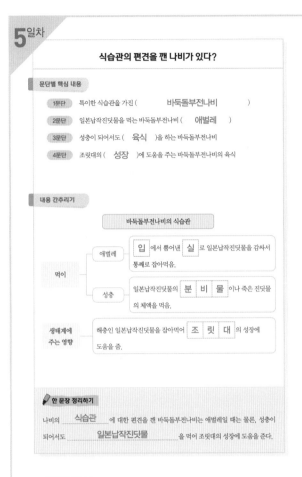

식습관의 편견을 깬 나비가 있다?

문단별 핵심 내용

1문단 특이한 식습관을 가진 (바둑돌부전나비)

2문단 일본납작진딧물을 먹는 바둑돌부전나비 (애벌레)

3문단 성충이 되어서도 (육식)을 하는 바둑돌부전나비

4문단 조릿대의 (성장)에 도움을 주는 바둑돌부전나비의 육식

내용 간추리기

바둑돌부전나비의 식습관

먹이

애벌레 — 입 에서 뿜어낸 실 로 일본납작진딧물을 감싸서 통째로 잡아먹음.

성충 — 일본납작진딧물의 분 비 물 이나 죽은 진딧물의 체액을 먹음.

생태계에 주는 영향 — 해충인 일본납작진딧물을 잡아먹어 조 릿 대 의 성장에 도움을 줌.

✏️ **한 문장 정리하기**

나비의 식습관 에 대한 편견을 깬 바둑돌부전나비는 애벌레일 때는 물론, 성충이 되어서도 일본납작진딧물 을 먹어 조릿대의 성장에 도움을 준다.

● **전체 핵심**

이 글은 바둑돌부전나비의 특이한 식습관에 대해 설명하고 있습니다. 따라서 이 글의 전체 핵심은 '바둑돌부전나비'와 '식습관'입니다.

● **전체 중심 문장**

이 글의 전체 중심 문장은 4문단의 마지막 문장입니다. 1문단에서는 특이한 식습관을 가진 바둑돌부전나비를 소개하고, 2~3문단에서는 바둑돌부전나비가 일본납작진딧물을 먹는 방법을 구체적으로 설명하고 있습니다. 4문단에서는 바둑돌부전나비가 생태계에 주는 도움에 대해 설명하고 있습니다.

● **내용 간추리기**

바둑돌부전나비의 먹이와 바둑돌부전나비의 식습관이 생태계에 주는 영향을 간추려 정리한 표입니다. 애벌레일 때의 먹이는 2문단에서, 성충일 때의 먹이는 3문단에서 확인할 수 있습니다. 생태계에 주는 영향은 4문단에서 찾아 정리할 수 있습니다.

● **한 문장 정리하기**

일반적인 나비와는 다른 바둑돌부전나비의 식습관이 생태계에 미치는 영향을 한 문장으로 정리할 수 있습니다.

문해력 완성하기

정답

1 ①

2 ○, ○, ×, ×

3 조릿대의 성장

도움말

1 이 글은 바둑돌부전나비의 특이한 식습관에 대한 설명문이므로, 이 글의 주제로 알맞은 것은 '바둑돌부전나비의 식습관'입니다.

2 3문단에서 바둑돌부전나비 애벌레가 일본납작진딧물을 잡아먹는다고 하였으므로 민석의 말은 옳지 않습니다. 또한 4문단의 마지막 문장에서 바둑돌부전나비의 식습관이 생태계에 도움을 준다고 하였으므로 성태의 말도 옳지 않습니다.

3 제시된 대화의 내용과 4문단의 첫 번째 문장을 통해 빈칸에 들어갈 말이 '조릿대의 성장'이라는 것을 유추할 수 있습니다.

어휘력 완성하기

정답

1 ❶ ⓒ ❷ ⓛ ❸ ⓐ

2 ①

3 ③

도움말

1 ❶ 몸에서 나오는 물질의 의미로 쓰였으므로, '분비물'의 뜻은 '침, 땀과 같이 몸속에서 나오는 물질'로 이해할 수 있습니다. ❷ 바다에서 동식물이 살고 있음을 의미하는 문장이므로 '서식'의 뜻은 '생물이 일정한 곳에 자리를 잡고 사는 것'으로 이해할 수 있습니다. ❸ '성충'은 '다 자란 어른 곤충'이라는 의미입니다.

2 제시된 글의 내용으로 보아, 빈칸에는 적당한 때를 뜻하는 낱말이 들어가야 합니다. 따라서 '적당한 때나 기회'를 뜻하는 낱말인 '시기'가 들어가는 것이 적절합니다.

3 '수월하다'는 '까다롭거나 힘들지 않아 하기가 쉽다'는 뜻으로, 뜻이 비슷한 낱말은 ③입니다. '난해하다'는 '뜻을 이해하기 어렵다'는 뜻을 가진 낱말입니다.

1일차

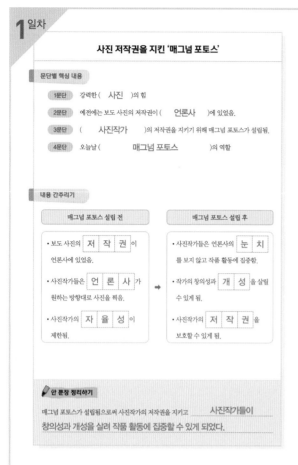

사진 저작권을 지킨 '매그넘 포토스'

문단별 핵심 내용

1문단 강력한 (사진)의 힘

2문단 예전에는 보도 사진의 저작권이 (언론사)에 있었음.

3문단 (사진작가)의 저작권을 지키기 위해 매그넘 포토스가 설립됨.

4문단 오늘날 (매그넘 포토스)의 역할

내용 간추리기

매그넘 포토스 설립 전	매그넘 포토스 설립 후
• 보도 사진의 저 작 권 이 언론사에 있었음.	• 사진작가들은 언론사의 눈 치 를 보지 않고 작품 활동에 집중함.
• 사진작가들은 언 론 사 가 원하는 방향대로 사진을 찍음.	• 작가의 창의성과 개 성 을 살릴 수 있게 됨.
• 사진작가의 자 율 성 이 제한됨.	• 사진작가의 저 작 권 을 보호할 수 있게 됨.

한 문장 정리하기

매그넘 포토스가 설립됨으로써 사진작가의 저작권을 지키고 사진작가들이
창의성과 개성을 살려 작품 활동에 집중할 수 있게 되었다.

● 전체 핵심

이 글은 사진작가의 자율성을 제한하는 기존 관행에 반대하여 설립된 매그넘 포토스에 대해 다루고 있으므로, 이 글의 전체 핵심은 '매그넘 포토스'입니다.

● 전체 중심 문장

이 글의 전체 중심 문장은 4문단의 첫 번째 문장입니다. 2문단에서는 보도 사진을 둘러싼 사진작가와 언론사의 갈등을, 3문단에서는 사진작가의 저작권을 지키고 자율성을 보장하기 위해 설립된 매그넘 포토스를 설명하고 있습니다.

● 내용 간추리기

매그넘 포토스의 설립 전과 후의 상황을 비교하여 정리한 표입니다. 설립 전의 상황은 2문단에서, 설립 후의 상황은 3~4문단에서 확인할 수 있습니다.

● 한 문장 정리하기

3주차부터는 중요한 내용을 문장으로 정리하는 훈련이 시작됩니다. 빈 곳에는 매그넘 포토스가 설립된 이후의 상황에 대해 정리되어야 하며, 이는 3문단의 마지막 문장에 드러나 있습니다.

문해력 완성하기

정답

1 ③

2 ②

3 제한되었다. (보장되지 않았다.)

도움말

1 이 글은 매그넘 포토스가 설립된 과정과 매그넘 포토스의 의미에 대해 설명하고 있으므로, 글쓴이가 말하고자 하는 중심 내용은 ③입니다.

2 3문단의 마지막 문장에서 매그넘 포토스가 설립됨으로써 저작권을 보호할 수 있었다고 설명하였으므로 ②의 내용은 알맞지 않습니다.

3 제시된 글은 2문단에서 설명한 내용의 실제 사례를 보여 주고 있습니다. 2문단 마지막 문장의 표현을 빌려 사진작가의 자율성이 '제한되었다'고 쓰거나 '보장되지 않았다'고 쓸 수 있습니다.

어휘력 완성하기

정답

1 ❶ 관행 ❷ 설립 ❸ 제한

2 ②

3 ①

도움말

1 '오래전부터 해 오는 대로 함'을 뜻하는 낱말은 '관행', '기관이나 단체를 만들어 세움'을 뜻하는 낱말은 '설립', '일정한 한도를 정하거나 그 한도를 넘지 못하게 막음'을 뜻하는 낱말은 '제한'입니다.

2 '갈망'의 뜻은 '간절히 바람'입니다. ②에서는 '갈망' 대신 '개인이나 집단 사이에 목표나 이해관계가 달라 서로 적대시하거나 충돌함'의 뜻을 가진 '갈등'이 쓰여야 합니다.

3 '판매'는 '상품 따위를 팖', '구매'는 '물건 따위를 사들임'의 뜻을 가진 낱말로 서로 반대되는 뜻을 가졌습니다. ③ '자율'은 '남의 지배나 구속을 받지 아니하고 자기 스스로의 원칙에 따라 어떤 일을 하는 일'을 뜻하는 낱말입니다.

2일차

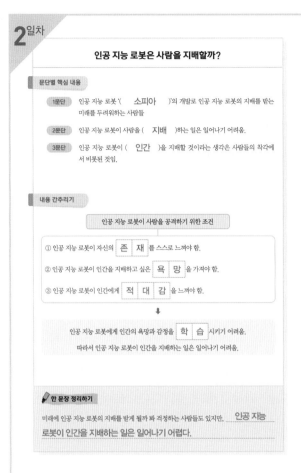

인공 지능 로봇은 사람을 지배할까?

문단별 핵심 내용

1문단 인공 지능 로봇 '(소피아)'의 개발로 인공 지능 로봇의 지배를 받는 미래를 두려워하는 사람들

2문단 인공 지능 로봇이 사람을 (지배)하는 일은 일어나기 어려움.

3문단 인공 지능 로봇이 (인간)을 지배할 것이라는 생각은 사람들의 착각에서 비롯된 것임.

내용 간추리기

인공 지능 로봇이 사람을 공격하기 위한 조건

① 인공 지능 로봇이 자신의 존 재 를 스스로 느껴야 함.

② 인공 지능 로봇이 인간을 지배하고 싶은 욕 망 을 가져야 함.

③ 인공 지능 로봇이 인간에게 적 대 감 을 느껴야 함.

↓

인공 지능 로봇에게 인간의 욕망과 감정을 학 습 시키기 어려움.
따라서 인공 지능 로봇이 인간을 지배하는 일은 일어나기 어려움.

한 문장 정리하기

미래에 인공 지능 로봇의 지배를 받게 될까 봐 걱정하는 사람들도 있지만, 인공 지능 로봇이 인간을 지배하는 일은 일어나기 어렵다.

● **전체 핵심**
이 글은 인공 지능 로봇이 인간을 지배하는 미래는 오기 어렵다는 내용으로, 이 글의 전체 핵심은 '인공 지능 로봇의 지배'입니다.

● **전체 중심 문장**
이 글의 전체 중심 문장은 제목에 대한 답이 되는 2문단의 첫 번째 문장이라고 할 수 있습니다. 1문단은 인공 지능 로봇에 대한 사람들의 두려움을, 2문단과 3문단은 인공 지능 로봇이 사람을 지배하기 어려운 이유를 서술하며 중심 문장을 뒷받침하고 있습니다.

● **내용 간추리기**
인공 지능 로봇이 사람을 공격하기 위한 조건과 사람을 지배하는 인공 지능 로봇이 생기기 어려운 이유를 정리한 표입니다. 로봇이 사람을 공격하기 위한 조건에 대한 내용은 2문단에서 찾아 정리할 수 있습니다.

● **한 문장 정리하기**
각 문단의 중심 문장을 토대로 글의 내용을 한 문장으로 정리할 수 있습니다. 사람들의 두려움과 달리 인공 지능 로봇이 사람을 지배하게 되는 일은 일어나기 어렵다는 것이 이 글의 핵심입니다.

문해력 완성하기

정답

1 ①

2 ③

3 📝 김진호 교수님, 인공 지능 로봇이 감정을 학습하기 어렵기 때문이다.

도움말

1 이 글은 많은 사람들의 걱정과 달리 인공 지능 로봇이 인간을 지배하기 어려운 이유에 대해 서술하고 있으므로, 제목으로 적절한 것은 ①입니다.

2 ① 1문단에서 사람들은 소피아를 보며 막연한 거부감을 느꼈다고 했고, ② 소피아는 홍콩에서 개발되었다고 설명하였습니다. ④ 2문단에서 현재의 기술로는 사람의 욕망과 감정을 로봇에게 학습시키기 어렵다고 하였습니다.

3 스티븐 호킹과 김진호 교수 중 한 명을 선택하고, 그에 대한 적절한 이유를 설명하였다면 모두 정답으로 인정합니다. 자신의 생각을 자유롭게 쓸 수 있도록 합니다.

어휘력 완성하기

정답

1

감	배	치	의	주
정	적	대	감	서
지	손	추	적	로
배	노	마	욕	봇
욕	감	음	망	하

2 인공 지능

3 ④

도움말

1 '어떤 사람이나 집단, 조직, 사물 등을 자기의 의사대로 복종하게 하여 다스림'을 뜻하는 낱말은 '지배', '부족을 느껴 무엇을 가지거나 누리고자 탐함. 또는 그런 마음'을 뜻하는 낱말은 '욕망', '적으로 여기는 감정'을 뜻하는 낱말은 '적대감'입니다.

2 빈칸에 들어갈 낱말은 '컴퓨터가 인간처럼 생각하고 학습하여 스스로 행동하도록 만들어진 기술'을 뜻하는 '인공 지능'입니다.

3 '지정'은 '가리키어 확실하게 정함'이라는 뜻으로, '여럿 가운데서 어떤 것을 뽑아 정함'을 의미하는 '선정'과 뜻이 비슷한 낱말입니다.

3일차

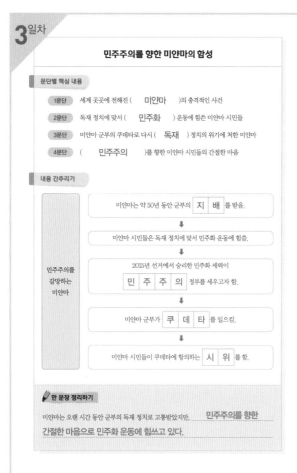

● 전체 핵심
이 글은 미얀마에서 군부의 독재 정치에 맞서 일어난 시민들의 시위에 대해 설명하고 있습니다. 이 글의 전체 핵심은 '민주주의를 향한 미얀마 시민들의 간절한 마음'입니다.

● 전체 중심 문장
이 글의 전체 중심 문장은 4문단의 마지막 문장입니다. 글 전체에서 미얀마 시민들이 독재 정치에 맞서 민주주의를 위해 애쓰는 과정을 설명하고 있습니다.

● 내용 간추리기
미얀마 시민들이 민주주의를 위해 독재 정치에 맞선 과정을 순차적으로 정리한 표입니다. 각각의 빈칸에는 순서대로 '지배', '민주주의', '쿠데타', '시위'가 들어가야 합니다.

● 한 문장 정리하기
이 글은 미얀마가 오랜 기간 군부의 지배를 받았지만, 계속하여 민주화 운동에 힘쓰고 있다는 내용으로 정리할 수 있습니다.

문해력 완성하기

정답
1 ④

2 ①

3 민주주의에 대한 갈망 때문이다. (군부 정치에 반대하기 위해서이다.)

도움말
1 이 글은 독재 정치에 맞서 민주주의를 갈망하는 미얀마 시민들의 모습에 대해 다루고 있으므로, 이 글의 주제로 알맞은 것은 ④입니다.

2 1문단에서 미얀마에서 일어난 사건이 SNS와 뉴스를 통해 세계 곳곳에 알려졌다고 설명하였고, 뒤늦게 알려졌다는 내용은 없으므로 ①은 옳지 않습니다.

3 제시된 글은 5·18 광주 민주화 운동에 대한 내용으로, 두 번째 문장에서 민주주의를 요구하며 일어난 운동이라고 설명하였으므로 '민주주의를 위해서' 또는 '군부 정치(독재 정치)에 반대하기 위해서'라는 내용이 들어가면 됩니다.

어휘력 완성하기

정답
1 ❶ 시위 ❷ 쿠데타 ❸ 독재

2 갈망

3 ②

도움말
1 '많은 사람이 거리낌 없이 자신의 생각을 드러내며 모임이나 행진을 하는 일'을 뜻하는 낱말은 '시위', '군사의 힘으로 정치를 담당하는 권력을 빼앗는 일'을 뜻하는 낱말은 '쿠데타', '소수가 권력을 독차지하여 중요한 일들을 마음대로 결정함'을 뜻하는 낱말은 '독재'입니다.

2 '갈망'은 '간절히 바람'이라는 뜻입니다. 미얀마의 시위는 민주화에 대한 간절한 바람으로 일어난 일이며, 축구팀은 월드컵 우승이 가장 간절히 바라는 일이므로 '갈망'이 공통으로 들어갈 낱말입니다.

3 '열망'은 '열렬하게 바람'이라는 뜻으로 '갈망'과 비슷한 관계의 낱말입니다. ①, ③은 서로 반대되는 관계이며, ④은 '국민'이 '국가'에 포함되는 관계입니다.

4일차

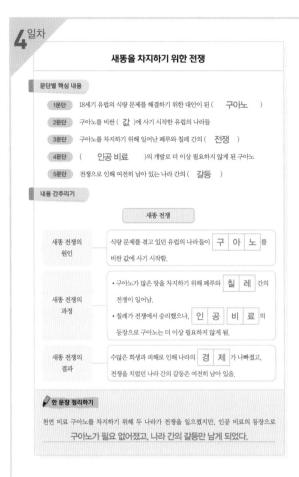

전체 핵심
이 글은 식량 문제를 해결하기 위해 여러 나라가 차지하려고 했던 '구아노'에 대한 설명문으로, 이 글의 전체 핵심은 설명의 대상이 되는 '구아노'입니다.

전체 중심 문장
이 글의 전체 중심 문장은 5문단의 마지막 문장입니다. 1문단은 18세기 유럽의 식량 문제를 해결하기 위한 대안이 된 구아노, 2~4문단은 구아노를 차지하기 위해 여러 나라가 갈등하게 된 과정, 5문단은 새똥 전쟁으로 인한 결과에 대하여 설명하고 있습니다.

내용 간추리기
새똥 전쟁의 원인, 과정, 결과에 대해 간추린 표입니다. 1~4문단에서 새똥 전쟁의 원인과 과정을, 5문단에서 새똥 전쟁의 결과를 설명하고 있습니다.

한 문장 정리하기
각 문단의 핵심 내용을 한 문장으로 정리할 수 있습니다. 최고의 천연 비료인 구아노를 차지하기 위해 여러 나라가 전쟁을 일으켰지만, 인공 비료의 등장으로 구아노가 더 이상 필요하지 않게 되었고, 전쟁으로 인한 갈등만 남게 되었다는 사실을 파악하는 것이 핵심입니다.

문해력 완성하기

정답

1 ④

2 ②

3 구아노라고 합니다.

도움말

1 이 글은 '구아노'를 둘러싼 갈등의 과정과 결과를 설명하고 있으므로, 제목으로 가장 알맞은 것은 '구아노를 둘러싼 두 나라의 갈등'입니다.

2 페루와 칠레가 전쟁을 일으킨 이유는 식량이 아니라 구아노이므로, ②의 내용은 바르지 않습니다.

3 제시된 대화의 내용으로 미루어 보아, 농민3이 설명하는 것은 구아노임을 유추할 수 있습니다.

어휘력 완성하기

정답

1 ❶ ㉡ ❷ ㉢ ❸ ㉠

2 해결

3 ②

도움말

1 '무엇이 갑작스럽게 일어나는 것'을 뜻하는 낱말은 '폭발적', '건강에 이롭도록 깨끗한 상태를 유지하려는 생각'을 뜻하는 낱말은 '위생 관념', '어떤 일을 행하거나 타인에 대하여 당연히 요구할 수 있는 힘이나 자격'을 뜻하는 낱말은 '권리'입니다.

2 '해결'은 '제기된 문제를 풀어서 밝히거나 얽힌 일을 잘 처리함'을 뜻하는 낱말입니다. 빈칸에는 '해결'을 넣어 각각 '이번 일을 해결하기 어렵다', '문제를 해결하다'로 쓰이는 것이 적절합니다.

3 '이익'은 '물질적으로나 정신적으로 보탬이 되는 것'을 뜻하는 낱말로, 반대되는 뜻을 가진 낱말은 '손해'입니다. ① '이득'은 비슷한 뜻의 낱말입니다.

5일차

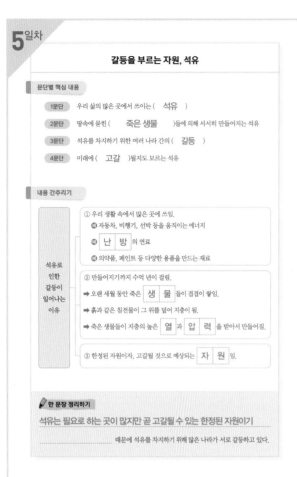

갈등을 부르는 자원, 석유

문단별 핵심 내용

1문단 우리 삶의 많은 곳에서 쓰이는 (**석유**)

2문단 땅속에 묻힌 (**죽은 생물**)들에 의해 서서히 만들어지는 석유

3문단 석유를 차지하기 위한 여러 나라 간의 (**갈등**)

4문단 미래에 (**고갈**)될지도 모르는 석유

내용 간추리기

석유로 인한 갈등이 일어나는 이유

① 우리 생활 속에서 많은 곳에 쓰임.
- ⓜ 자동차, 비행기, 선박 등을 움직이는 에너지
- ⓜ **난 방** 의 연료
- ⓜ 의약품, 페인트 등 다양한 용품을 만드는 재료

② 만들어지기까지 수억 년이 걸림.
➡ 오랜 세월 동안 죽은 **생 물** 들이 겹겹이 쌓임.
➡ 흙과 같은 침전물이 그 위를 덮어 지층이 됨.
➡ 죽은 생물들이 지층의 높은 **열** 과 **압 력** 을 받아서 만들어짐.

③ 한정된 자원이자, 고갈될 것으로 예상되는 **자 원** 임.

✏ 한 문장 정리하기

석유는 필요로 하는 곳이 많지만 곧 고갈될 수 있는 한정된 자원이기

————————————— 때문에 석유를 차지하기 위해 많은 나라가 서로 갈등하고 있다.

● **전체 핵심**

이 글은 석유가 만들어지는 과정과 함께 석유로 인한 갈등이 발생하는 이유를 설명하고 있습니다. 따라서 이 글의 전체 핵심은 '석유로 인한 갈등'입니다.

● **전체 중심 문장**

이 글의 전체 중심 문장은 4문단의 마지막 문장입니다. 1문단은 석유의 여러 쓰임에 대해, 2문단은 석유가 만들어지는 과정에 대해, 3~4문단은 석유로 인한 갈등의 원인에 대해 설명하고 있습니다.

● **내용 간추리기**

석유로 인한 갈등이 생기는 원인 세 가지를 간추려 정리한 표입니다. 첫 번째 원인에 대한 내용은 1문단에서, 두 번째 원인에 대한 내용은 2~3문단에서, 세 번째 원인에 대한 내용은 4문단에서 확인할 수 있습니다.

● **한 문장 정리하기**

이 글의 전체 중심 문장을 토대로, 빈 곳에는 석유를 차지하기 위해 많은 나라가 갈등하는 이유를 정리해야 합니다.

문해력 완성하기

정답

1 ④

2 ②

3 줄어들겠다.

도움말

1 이 글은 나라 사이에 갈등을 일으키는 석유에 대한 설명문이므로, 이 글의 주제로 알맞은 것은 '석유로 인한 끊임없는 갈등'입니다.

2 ②의 내용은 이 글의 주제를 뒷받침하는 자료로 쓰이기보다 석유로 인한 환경 오염에 관한 자료로 쓰이기에 적합합니다.

3 제시된 대화를 통해 한정된 자원인 석유를 대체할 에너지가 개발되면 석유로 인한 갈등도 줄어들 것임을 유추할 수 있습니다.

어휘력 완성하기

정답

1 ❶ ㉡ ❷ ㉢ ❸ ㉠

2 ①

3 ②

도움말

1 '영유권'의 뜻은 '일정한 영토에 대해 해당 국가가 통제하거나 지배할 수 있는 권리'이고, '소진'의 뜻은 '점점 줄어들어 다 없어짐. 또는 다 써서 없앰'으로 눈에 보이지 않는 시간이나 힘 등의 뒤에 쓰입니다. '고갈'의 뜻은 '어떤 일의 바탕이 되는 돈이나 물건, 재료 따위가 없어짐'으로, 물건이나 재료 뒤에 쓰입니다.

2 제시된 문장에서 '쓰이다'는 '어떤 일을 하는 데에 재료나 도구, 수단이 이용되다'의 뜻으로 사용되었습니다. 같은 뜻으로 쓰인 문장은 ①입니다.

3 보기의 두 낱말은 서로 비슷한 뜻을 가진 관계입니다. ①, ④은 서로 반대되는 뜻을 가진 낱말들로 이루어져 있습니다.

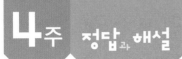
1일차

살아남기 위한 미술의 몸부림, 인상주의

문단별 핵심 내용

1문단	(사진기)의 발명으로 충격에 빠진 화가들
2문단	그림의 (독창성)을 찾기 위한 고민에서 탄생한 인상주의
3문단	빛이 비치는 순간의 색을 보고 느껴지는 주관적인 (인상)을 담아낸 인상주의
4문단	현대 미술의 시작으로 인정받는 (인상주의)

내용 간추리기

인상주의

발생한 시기	19세기 후반에서 20세기 초
인상주의의 탄생 과정	사 진 기 의 발명 → 초 상 화 에 대한 관심이 떨어짐. → 그림만의 독창성을 찾고자 한 고민에서 탄생함.
인상주의의 특징	• 빛 에 따라 변하는 색을 보고, 주관적인 인상을 묘사함. • 바깥으로 나가 자 연 속에서 그림을 그림. • 독특한 방법을 사용하여 그림.

✏️ **한 문장 정리하기**

인상주의는 사진기의 발명으로 위기에 처하면서 그림만의 독창성을 찾으려는 고민에서 탄생했으며, 현대 미술의 시작으로 인정받고 있다.

● **전체 핵심**

이 글은 인상주의가 어떻게 탄생하게 되었는지에 대한 설명문으로, 이 글의 전체 핵심은 '인상주의'입니다.

● **전체 중심 문장**

이 글의 전체 중심 문장은 4문단의 마지막 문장입니다. 1문단에서는 사진기의 발명으로 인한 화가들의 위기를, 2~4문단에서는 인상주의의 탄생 과정과 특징을 설명하고 있습니다.

● **내용 간추리기**

인상주의가 발생한 시기와 탄생 과정, 특징에 대하여 정리한 표입니다. 빈칸에는 각각 '사진기', '초상화', '빛', '자연'이 들어가야 합니다.

● **한 문장 정리하기**

4주차에서는 한 문장 전체를 정리하는 훈련을 해 봅니다. 글의 전체 핵심 낱말과 전체 중심 문장을 찾고, 문단별 핵심 내용을 연결하여 한 문장으로 정리할 수 있습니다. 인상주의가 탄생하게 된 배경과 의의를 파악하여 정리하는 것이 핵심입니다.

문해력 완성하기

정답

1 ③

2 ③

3 빛이 비치는 순간의 색을 표현하기 위해서이다. (빛이 바뀌면 그리려던 풍경의 색이 달라지기 때문이다.)

도움말

1 글의 제목은 글의 중심 내용이나 주제를 담아서 표현합니다. 따라서 제목으로 알맞은 것은 '현대 미술의 시작으로 인정받는 인상주의'입니다.

2 1~3문단에서 색의 주관적인 인상을 담아낸 인상주의는 사진기 발명 이후에 그림만의 독창성을 찾아내고자 노력한 결과 등장한 움직임이라고 설명하였으므로, ③의 설명은 옳지 않습니다.

3 인상주의 화가들이 빛이 바뀌기 전에 그림을 그리려던 이유는 제시된 글의 세 번째 문장과 다섯 번째 문장에서, 본문의 3문단에서 찾을 수 있습니다.

어휘력 완성하기

정답

1 ❶ ③ ❷ ② ❸ ①

2 ❶ ㉢ ❷ ㉠ ❸ ㉡

3 ①

도움말

1 동음이의어 '인상'의 다양한 의미를 파악하는 문제입니다. ❶ 용돈을 올려 달라는 의미로 쓰였으므로 답은 ③입니다. ❷ 석굴암을 보고 느껴지는 마음에 대해 말하고 있으므로 답은 ②입니다. ❸ 얼굴 표정을 찡그린다는 의미로 쓰였으므로 답은 ①입니다.

2 '막을 내리다'는 '무대 공연, 행사나 일이 끝나다'라는 뜻의 관용구이고, '꼬리를 물다'는 '계속 이어지다'의 뜻을 나타내는 관용구입니다. '팔소매를 걷어붙이다'는 '어떤 일에 뛰어들어 적극적으로 일할 태도를 갖추다'라는 뜻을 가진 관용구입니다.

3 '감정'은 '어떤 현상이나 일에 대하여 일어나는 마음이나 느끼는 기분'으로 '증오', '미움', '슬픔' 등이 포함됩니다. ①은 '직업'에 '화가'가 포함되는 관계이므로 제시된 낱말과 비슷한 관계입니다. ②, ④는 반대되는 관계, ③은 비슷한 관계로 이루어진 낱말입니다.

2일차

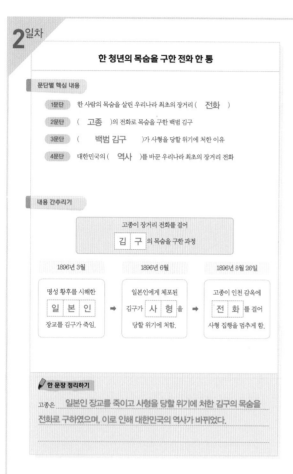

한 청년의 목숨을 구한 전화 한 통

문단별 핵심 내용

1문단 | 한 사람의 목숨을 살린 우리나라 최초의 장거리 (전화)

2문단 | (고종)의 전화로 목숨을 구한 백범 김구

3문단 | (백범 김구)가 사형을 당할 위기에 처한 이유

4문단 | 대한민국의 (역사)를 바꾼 우리나라 최초의 장거리 전화

내용 간추리기

고종이 장거리 전화를 걸어
김 구 의 목숨을 구한 과정

1896년 3월		1896년 6월		1896년 8월 26일
명성 황후를 시해한 일 본 인 장교를 김구가 죽임.	➡	일본인에게 체포된 김구가 사 형 을 당할 위기에 처함.	➡	고종이 인천 감옥에 전 화 를 걸어 사형 집행을 멈추게 함.

한 문장 정리하기

고종은 일본인 장교를 죽이고 사형을 당할 위기에 처한 김구의 목숨을 전화로 구하였으며, 이로 인해 대한민국의 역사가 바뀌었다.

● 전체 핵심

이 글은 고종이 우리나라 최초의 장거리 전화로 사형을 당할 위기에 처한 김구의 목숨을 살린 사건에 대하여 다루고 있습니다. 따라서 이 글의 전체 핵심은 '최초의 장거리 전화'입니다.

● 전체 중심 문장

이 글의 전체 중심 문장은 4문단의 마지막 문장입니다. 2문단은 고종이 전화로 목숨을 살린 사람에 대한 설명, 3문단은 김구가 사형을 당할 위기에 처한 이유가 나타나 있습니다. 4문단은 최초의 장거리 전화 한 통으로 바뀐 대한민국의 역사에 대해 설명하는 내용으로 이루어져 있습니다.

● 내용 간추리기

고종이 장거리 전화를 걸어 김구의 목숨을 구한 과정을 사건이 일어난 순서대로 간추린 표입니다. 빈칸에는 각각 '김구', '일본인', '사형', '전화'가 들어가야 합니다.

● 한 문장 정리하기

이 글의 핵심은 고종이 건 최초의 장거리 전화 한 통이 김구의 목숨을 구하였고, 그로 인해 대한민국의 역사가 바뀌었다는 점입니다. 이러한 내용이 드러나도록 한 문장으로 정리합니다.

문해력 완성하기

정답

1 ①

2 ②

3 김구의 사형 집행을 막지 못했을 거야. (대한민국의 역사가 달라졌을 거야.)

도움말

1 고종의 전화로 사형을 당할 위기에 처해 있던 백범 김구를 살렸다는 것이 글의 주요 내용이므로, 제목으로 가장 적절한 것은 '김구를 살린 고종의 전화'입니다.

2 ① 1문단의 내용을 통해 우리나라 최초의 전화는 누구나 사용할 수 없었음을 알 수 있습니다. ③ 고종은 김구의 사형 집행을 막기 위해 전화를 걸었고, ④ 고종은 인천 감옥에 처음 전화를 걸었습니다.

3 빈 곳에는 어명을 보냈다면 시간이 오래 걸려 김구의 사형 집행을 막지 못했을 것이라는 내용이나, 대한민국의 역사가 바뀌었을 것이라는 내용을 쓸 수 있습니다.

어휘력 완성하기

정답

1 ❶ ⓒ ❷ ㉠ ❸ ㉢

2 시해

3 ④

도움말

1 ❶ 법을 공정하게 행해야 한다는 의미로 쓰인 문장이므로, '집행'의 뜻은 '계획이나 명령 등을 실제로 행하는 것'으로 이해할 수 있습니다. ❷ 자유를 빼앗겼다는 의미로 쓰인 문장이므로 '체포'의 뜻은 '사람의 신체에 대하여 행동의 자유를 빼앗는 일'로 이해할 수 있습니다. ❸ '자서전'의 뜻은 '자기가 쓴 자기의 일생에 관한 책'으로 이해할 수 있습니다.

2 선호의 말을 통해 높은 지위에 있는 사람이 죽임을 당했을 때 '시해'라는 말을 사용한다는 것을 알 수 있으므로, 빈칸에 들어갈 알맞은 낱말은 '시해'입니다.

3 '위장'은 '본래의 정체나 모습이 드러나지 않도록 거짓으로 꾸밈'을 뜻하는 낱말로, '본래의 모습을 알아볼 수 없게 하기 위하여 옷차림이나 얼굴, 머리 모양 따위를 다르게 바꿈'을 의미하는 '변장'과 뜻이 비슷합니다.

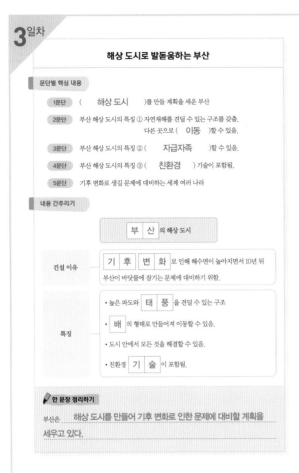

3일차

해상 도시로 발돋움하는 부산

문단별 핵심 내용

1문단 (해상 도시)를 만들 계획을 세운 부산

2문단 부산 해상 도시의 특징 ① 자연재해를 견딜 수 있는 구조를 갖춤.
다른 곳으로 (이동)할 수 있음.

3문단 부산 해상 도시의 특징 ② (자급자족)할 수 있음.

4문단 부산 해상 도시의 특징 ③ (친환경) 기술이 포함됨.

5문단 기후 변화로 생길 문제에 대비하는 세계 여러 나라

내용 간추리기

부 산 의 해상 도시

건설 이유 | 기 후 변 화 로 인해 해수면이 높아지면서 10년 뒤 부산이 바닷물에 잠기는 문제에 대비하기 위함.

특징
• 높은 파도와 태 풍 을 견딜 수 있는 구조
• 배 의 형태로 만들어져 이동할 수 있음.
• 도시 안에서 모든 것을 해결할 수 있음.
• 친환경 기 술 이 포함됨.

✏️ **한 문장 정리하기**

부산은 해상 도시를 만들어 기후 변화로 인한 문제에 대비할 계획을 세우고 있다.

● **전체 핵심**

이 글은 부산이 기후 변화에 대비하기 위해 해상 도시를 만들 계획을 세웠다는 내용을 주로 다루고 있습니다. 따라서 이 글의 전체 핵심은 '부산의 해상 도시'라 할 수 있습니다.

● **전체 중심 문장**

이 글의 전체 중심 문장은 1문단의 마지막 문장입니다. 2~4문단은 부산의 해상 도시가 갖는 특징에 대해 설명하면서 전체 중심 문장을 뒷받침하는 내용으로 이루어져 있습니다.

● **내용 간추리기**

부산이 해상 도시를 건설하는 이유와 그 특징을 간추려 정리한 표입니다. 건설 이유에 대한 내용은 1문단에서, 특징은 2~4문단에서 확인할 수 있습니다.

● **한 문장 정리하기**

각 문단의 핵심 내용을 연결하여 한 문장으로 정리할 수 있습니다. 부산이 기후 변화로 인한 문제에 대비해 해상 도시를 만들 계획을 세운다는 내용으로 정리할 수 있습니다.

문해력 완성하기

정답

1 ③

2 ③

3 몽골의 사막화를 막기(황사 피해를 막기)

도움말

1 이 글은 기후 변화로 인한 문제에 대비하여 부산이 세운 해상 도시 건설 계획에 대한 내용을 다루고 있습니다. 따라서 알맞은 주제는 '기후 변화에 대비하여 해상 도시를 계획한 부산'입니다.

2 2문단의 마지막 문장에서 부산 해상 도시는 배 형태로 지어져 다른 곳으로 이동이 가능하다고 하였으므로 ③은 틀린 내용입니다.

3 제시된 글은 기후 변화로 인해 몽골에서 사막화가 진행되고 있고, 이를 막기 위해 나무를 심어 숲을 만들고 있다는 내용입니다. 빈 곳에는 우리나라가 몽골과 함께 숲 조성 프로젝트를 진행하는 이유가 들어가야 합니다.

어휘력 완성하기

정답

1 ❶ 보장 ❷ 친환경 ❸ 퇴비

2 자급자족

3 ②

도움말

1 '어떤 일이 어려움 없이 이루어지도록 조건을 마련하여 보호함'의 뜻을 가진 낱말은 '보장', '자연환경을 오염하지 않고 자연 그대로의 환경과 잘 어울리는 일'의 뜻을 가진 낱말은 '친환경', '풀, 짚 또는 가축의 배설물 따위를 썩힌 거름'을 뜻하는 낱말은 '퇴비'입니다.

2 빈칸에 공통으로 들어갈 낱말은 '어떤 활동에 필요한 여러 가지 물건이나 재료를 스스로 만들어 채움'이라는 뜻을 가진 '자급자족'입니다.

3 '포함'은 '어떤 사물이나 현상 가운데 함께 들어 있거나 함께 넣음'을 뜻하는 낱말로, '따로 떼어 내어 한데 헤아리지 않음'이라는 뜻의 '제외'와는 서로 반대되는 관계입니다. ②의 낱말들이 같은 관계로 이루어져 있으며, 나머지는 서로 비슷한 뜻을 가진 관계의 낱말들로 이루어져 있습니다.

4일차

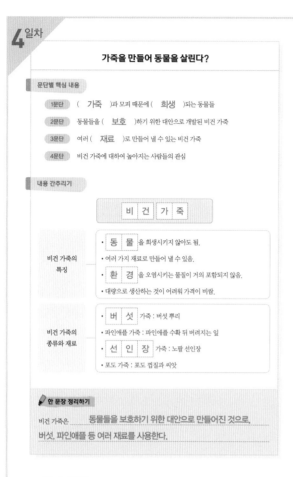

● 전체 핵심

이 글은 동물을 보호하기 위한 대안으로 개발된 비건 가죽에 대한 설명문으로, 글의 전체 핵심은 '비건 가죽'입니다.

● 전체 중심 문장

이 글의 전체 중심 문장은 4문단의 마지막 문장입니다. 1문단은 가죽과 모피 때문에 희생되는 동물들에 대해서, 2~3문단은 비건 가죽이 개발된 이유와 그 종류에 대해서, 4문단은 점차 높아지는 비건 가죽에 대한 사람들의 관심에 대해서 설명하는 내용으로 이루어져 있습니다.

● 내용 간추리기

비건 가죽의 특징과 종류 및 재료를 간추려 정리한 표입니다. 비건 가죽의 특징은 2문단과 4문단에서, 비건 가죽의 종류와 재료는 3문단에서 찾아 정리할 수 있습니다.

● 한 문장 정리하기

비건 가죽이 만들어진 이유와 종류 등을 간추려 한 문장으로 정리할 수 있습니다. 비건 가죽이 동물들을 보호하기 위한 대안으로 만들어졌으며, 여러 재료를 활용할 수 있다는 내용으로 정리하였다면 정답으로 인정합니다.

문해력 완성하기

정답

1 ①

2 ①

3 동물을 보호하기

도움말

1 이 글은 동물을 사용하지 않는 비건 가죽에 대한 설명문이므로, 이 글의 주제로 알맞은 것은 '동물의 희생을 막는 비건 가죽'입니다.

2 1문단에서 가죽이나 모피를 얻기 위해 희생되는 동물들에 대해 설명하고 있으므로 경준의 말은 글의 내용과 다릅니다.

3 2문단에서 비건 가죽이 동물을 보호하기 위한 대안으로 개발되었다고 설명한 내용과 제시된 글의 마지막 문장에서 '동물을 학대하지 않는 착한 가죽'이라고 표현한 내용으로 미루어 보이 빈 곳에 들어갈 말은 '동물을 보호하기' 또는 '동물의 희생을 막기' 등이라는 것을 유추할 수 있습니다.

어휘력 완성하기

정답

1 ❶ ㉁ ❷ ㉂ ❸ ㉠

2 ②

3 ④

도움말

1 '건조'는 '물기나 습기가 말라서 없어짐. 또는 물기나 습기를 말려서 없앰'을 뜻하는 낱말이고, '수확'은 '익은 농작물을 거두어들임'을 뜻하는 낱말입니다. '배합'은 '이것저것을 일정한 비율로 한데 섞어 합침'을 뜻합니다.

2 '끌었습니다'의 기본형 '끌다'는 여러 가지 뜻을 가진 다의어입니다. 제시된 문장에서는 '남의 관심 따위를 쏠리게 하다'의 뜻으로 쓰였으며, ①, ④은 '바퀴 달린 것을 움직이게 하다', ③은 '시간이나 일을 늦추거나 미루다'의 뜻으로 쓰였습니다.

3 '추정'은 '미루어 생각하여 판단함'을 뜻합니다. 이와 비슷한 뜻을 가진 낱말은 '추측'입니다.

5일차

놀라운 생존의 비밀을 품은 곰벌레

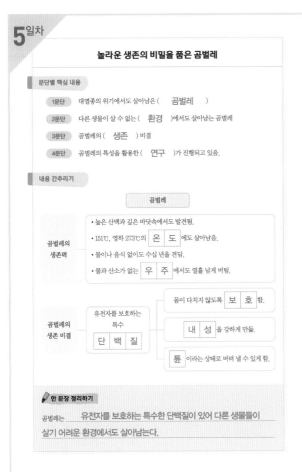

문단별 핵심 내용

1문단 대멸종의 위기에서도 살아남은 (곰벌레)

2문단 다른 생물이 살 수 없는 (환경)에서도 살아남는 곰벌레

3문단 곰벌레의 (생존) 비결

4문단 곰벌레의 특성을 활용한 (연구)가 진행되고 있음.

내용 간추리기

곰벌레

곰벌레의 생존력
- 높은 산맥과 깊은 바닷속에서도 발견됨.
- 151℃, 영하 273℃의 온 도 에도 살아남음.
- 물이나 음식 없이도 수십 년을 견딤.
- 물과 산소가 없는 우 주 에서도 열흘 넘게 버팀.

곰벌레의 생존 비결
유전자를 보호하는 특수 단 백 질
- 몸이 다치지 않도록 보 호 함.
- 내 성 을 강하게 만듦.
- 튠 이라는 상태로 버텨 낼 수 있게 함.

한 문장 정리하기

곰벌레는 유전자를 보호하는 특수한 단백질이 있어 다른 생물들이 살기 어려운 환경에서도 살아남는다.

● 전체 핵심
이 글은 곰벌레가 가진 생존력의 비결에 대해 설명하고 있습니다. 따라서 이 글의 전체 핵심은 설명의 대상이 되는 '곰벌레의 생존 비결'입니다.

● 전체 중심 문장
이 글의 전체 중심 문장은 3문단의 첫 번째 문장입니다. 1문단은 6억 년 동안 대멸종의 위기에서도 살아남은 곰벌레에 대해서, 2문단은 극한의 환경에서도 살 수 있는 곰벌레의 생존력에 대해서, 3문단은 곰벌레의 생존 비결에 대해서, 4문단은 곰벌레의 특성을 활용한 연구에 대해서 설명하고 있습니다.

● 내용 간추리기
곰벌레의 생존력과 생존 비결에 관한 내용을 간추린 표입니다. 곰벌레의 생존력에 대한 내용은 2문단에서, 곰벌레의 생존 비결에 대한 내용은 3문단에서 확인할 수 있습니다.

● 한 문장 정리하기
곰벌레가 오랜 기간 살아남을 수 있었던 생존 비결에 대해 한 문장으로 정리할 수 있습니다. 특수한 단백질에 대한 내용이 들어가도록 정리하여야 합니다.

문해력 완성하기

정답

1 ①

2 ○, ○, ×, ○

3 오랜 기간 살아남을 수 있었구나.

도움말

1 이 글은 곰벌레의 생존 비결에 대한 설명문이므로, 이 글의 주제로 알맞은 것은 '곰벌레의 생존 비결'입니다.

2 2문단의 첫 번째 문장에서 곰벌레는 보통 물속이나 습기가 많은 이끼류 겉면에 서식한다고 설명하였으므로 선미의 말은 틀렸습니다.

3 제시된 대화와 본문의 3문단 내용을 토대로, 곰벌레가 위험에 처했을 때 자신의 몸을 튠 상태로 만들어 오랜 기간 살아남았음을 유추할 수 있습니다. 빈 곳에는 '오랜 기간 살아남았다'는 내용이나 '최강의 생존력을 가졌다'는 내용이 들어가면 됩니다.

어휘력 완성하기

정답

1 ❶ ㉠ ❷ ㉢ ❸ ㉡

2 ①

3 ②

도움말

1 '비결'의 뜻은 '세상에 알려져 있지 않은 자기만의 뛰어난 방법'이며, '적용'의 뜻은 '알맞게 이용하거나 맞추어 씀'입니다. '내성'의 뜻은 '환경 조건의 변화에 견딜 수 있는 생물의 성질'입니다.

2 제시된 두 문장의 빈칸에는 '무엇인가를 넣다'라는 뜻을 가진 낱말이 들어가야 합니다. '주입'은 '흘러 들어가도록 부어 넣음'과 '기억과 암기를 주로 하여 지식을 넣어 줌'이라는 두 가지 뜻을 가지고 있어, 빈칸에 공통으로 들어가기에 적절합니다.

3 '보존'의 뜻은 '잘 보호하고 간수하여 남김'으로, '헐거나 깨뜨려 못 쓰게 만듦'의 뜻을 가진 '훼손'과 반대되는 낱말입니다. '채집'은 '널리 찾아서 얻거나 캐거나 잡아 모으는 일'을 뜻하는 낱말이고, '보호'는 '보존'과 뜻이 비슷한 낱말입니다.

MEMO

MEMO